Inhalt

Einführung 1

Hm...also, wo ist der Home Button (und andere Änderungen, die Sie wissen müssen)? 3
    Gehen wir nun mehr ins Detail, nicht? 3
    Lassen Sie uns über Ihr Gesicht reden. 7
    Denken Sie an folgendes.. 9
    Danke für die nette Geste, Apple!............................... 11
    Die lächerlich einfache Kapitel Eins Zusammenfassung 19

Hallo, Welt 21
    Einrichten von Dingen... 21
    Face ID 23
    Ich fühle mich wie aufgeladen! 32
    Wie schickt man süße Emoji's an alle? 36

Nur die Grundlagen...und halten Sie es einfach!... 44
    Willkommen zu Hause.. 44
    Anrufe tätigen 45
    Dafür gibt es eine App.. 48
    Organisieren von Apps 49
    Nachrichten.. 52
    Benachrichtigungen.. 62
    Verwendung von AirDrop.. 63

Nur die Grundlagen...und halten Sie es einfach!... 65
    Telefon 66
    Mail 71
    Mit Safari im Internet surfen 72
    iTunes.. 84
    Apple Music 85
    Apps kaufen 86

Kalender 91
Wetter 94
Maps 96
iBooks 101
Health 103
Meine Freunde suchen 107
Mein iPhone suchen 108
Home 109
ARKit 110

Machen Sie es sich zu eigen 112
Screen Time 113
Nicht stören Modus 114
Allgemeine Einstellungen 117
Töne 119
Datenschutz 121
E-Mail, Kontakte, Kalendereinstellungen 121
Hinzufügen von Facebook und Twitter 123
Familienfreigabe 125

Licht, Kamera, Aktion 128
Aufnahme von Fotos und Videos 128
Bildbearbeitung 133
Bearbeiten von Live-Fotos 135
Fotoalben und Foto-Sharing 137

Animoji 140
Wie man eigene Animoji hinzufügt 140

Hey, Siri. 145

Pflegen und Schützen 149
Sicherheit 149
Verschlüsselung 151
Keychain 151
iCloud 152
Akkutipps 154

Must-Have-Apps 158

DER LÄCHERLICH EINFACHE LEITFADEN FÜR IPHONE X, XR, XS UND XS MAX

EINE PRAKTISCHE ANLEITUNG FÜR DEN EINSTIEG IN DIE NÄCHSTE GENERATION VON IPHONE UND IOS 12

BRIAN NORMAN

Ridiculously Simple Press
ANAHEIM, KALIFORNIEN

Copyright © 2018

Alle Rechte vorbehalten. Kein Teil dieser Publikation darf ohne vorherige schriftliche Genehmigung des Herausgebers in irgendeiner Form oder mit irgendwelchen Mitteln, einschließlich Fotokopie, Aufzeichnung oder anderen elektronischen oder mechanischen Verfahren, reproduziert, verbreitet oder übertragen werden, es sei denn, es handelt sich um kurze Zitate, die in kritischen Rezensionen enthalten sind und um bestimmte andere nicht kommerzielle Verwendungen, die nach dem Urheberrecht zulässig sind.

Haftungsausschluss: Dieses Buch wird von Apple, Inc. nicht unterstützt und sollte als inoffiziell betrachtet werden.

Einführung

Ein neues iPhone zu bekommen ist aufregend; es fühlt sich fast wie ein neues Spielzeug zu bekommen. Niemand mag ein Spielzeug, das einen dazu bringt, ein langes Handbuch zu lesen, nur um herauszufinden, wie das verdammte Ding funktioniert! Wenn Sie bereits ein iPhone hatten (oder vielleicht mehrere), dann stehen die Chancen gut, dass Sie bereits wissen, wie es funktioniert. Aber das iPhone wird Ihnen eine unangenehme Überraschung bescheren, weil der Home Button entfernt wurde. Ich werde Ihnen helfen, sicherzustellen, dass Sie wissen, wie Sie die Abkürzungen und Gesten benutzen, die mit diesem Übergang einhergehen. Es wird natürlich auch alle neuen Funktionen von iOS 12 abdecken.

Diese Anleitung ist so formatiert, dass sie Ihnen hilft, Ihr Telefon (und alle seine leistungsstarken Funktionen) so schnell wie möglich zu benutzen.

Ich habe diesen Leitfaden so geschrieben, dass es etwas lockerer und lustiger ist, was man von den meisten iPhone Handbüchern erwartet. Das iPhone ist ein lustiges Gadget und jede Anleitung, die Sie lesen, sollte ebenso lustig sein.

Jedes Kapitel beginnt mit Stichpunkten, was behandelt wird, so dass Sie, wenn Sie etwas bereits wissen, direkt vüberspringen können; wenn Sie nur wissen müssen, wie Sie neue Funktionen nutzen können, ist das Buch auch so formatiert, dass diese hervorspringen.

Sind Sie bereit, Ihr neues iPhone zu genießen? Dann lassen Sie uns anfangen!

[1]
Hm...also, wo ist der Home Button (und andere Änderungen, die Sie wissen müssen)?

Dieses Kapitel wird folgendes abdecken:
- Die iPhones-Tasten
- Was ist die Face ID?
- Was sind die neuen Funktionen von iOS 12?
- So verwenden Sie das iPhone, wenn es keinen physischen Home Button hat.

Gehen wir nun mehr ins Detail, nicht?

Das wirklich Offensichtliche mit dem iPhone X und höher ist also der Home Button oder das Fehlen davon. Im nächsten Kapitel werde ich über das Einrichten sprechen, also weiß ich, dass das alles ein wenig rückwärts klingt, aber weil so viele Leute von einem früheren Modell auf das neue iPhone upgraden, lohnt es sich, über die wichtigsten Dinge zu sprechen, die hier anders sein werden.

Wenn Sie das iPhone schon einmal benutzt haben, dann wette ich, dass Sie einen guten Tag damit verbringen werden, Ihren Daumen kontinuierlich dorthin zu stecken, wo die Taste früher war! Keine Sorge! Sie werden es überwinden. Nachdem Sie sich daran gewöhnt haben, dass es nicht da ist, werden Sie tatsächlich anfangen zu sehen, dass es ohne dieser effektiver ist.

Bevor wir in die Gesten eintauchen, lassen Sie uns noch einige andere Dinge ansprechen, die an diesem Telefon anders aussehen.

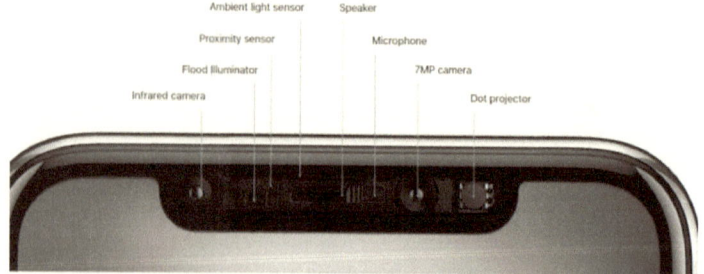

Der obere Teil des Telefons (es ist bekannt als Top-Notch) hat eine Menge dort, als andere Telefone, nicht wahr? All das hilft Ihrem Handy, besser zu funktionieren. Ganz rechts befindet sich ein Punktstrahler. Es klingt nach etwas, das Ihr iPhone an die Wand projiziern wird, nicht wahr? Ich wünschte, es wäre so! Das ist eigentlich die Kamera, die Ihr Gesicht für die Face ID scannt (ich werde das in nur einer Sekunde abdecken). Daneben ist die Kamera; es ist 7MP, was nicht so gut ist wie die 12MP Kamera auf der Rückseite, aber es ist sicherlich eine Verbesserung gegenüber dem, was auf früheren Handys war. Es gibt noch ein paar andere Sensoren und Kameras ganz links. Sie klingen alle extravagant, nicht wahr? Näherungssensor. Flutlichtstrahler. Extravagant ist...na extravagant! Aber was um alles in der Welt bedeutet das in einfachen Worten? Das bedeutet, dass die nach vorne gerichtete Kamera ziemlich beeindruckende Selfies aufnehmen kann! Wenn Sie das iPhone 8 oder 8+ benutzt haben, dann sind Sie wahrscheinlich mit dem Portraitmodus vertraut? Kurz gesagt, gibt es Ihrem Foto ein unscharfes, professionelles Aussehen. Um das zu tun, benötigen Sie einige zusätzliche Sensoren; das iPhone X und XS haben diese Funktionen und sowohl die Vorder- als auch die Rückseite der Kamera. Das bedeutet, dass Sie unabhängig von der Verwendung (Vorder- oder Rückkamera) Fotos in gleicher Qualität erhalten können.

Okay, das ist alles interessant, oder? Aber mit der Notxch macht Sie eigentlich gar nichts. Was ist mit den Tasten am Telefon selbst? Gute Frage! Danke für die Nachfrage!

Die Platzierung der Tasten ist nicht allzu anders von den vorherigen iPhones.

Auf der rechten Seite haben Sie die Lautstärke Tasten, was folgendes macht, Sie haben es erraten! Ihre Lautstärke auf und ab dreht! Es gibt auch den Schalter darüber, der den Ton stumm schaltet.

Auf der linken Seite haben Sie Ihren „Seitenschalter". Die Legende besagt, dass sie es Seitenschalter nannten, weil es auf der Seite des Telefons ist! Diese Taste ist bei anderen Handys - wenn auch etwas kürzer - aber hier funktioniert es etwas anders.

Der Seitenschalter ist und auch nicht der Ersatz für die Home-Taste. Das klingt vage, oder? Hier ist, was ich meine: Sie werden diese Taste nicht benutzen, um zum Startbildschirm zurückzukehren, aber Sie können sie benutzen, um Siri zu aktivieren (oder Sie können einfach "Hey Siri" sagen). Sie verwenden diese Taste auch, um das Telefon ein- und auszuschalten oder in den Standby-Modus zu versetzen (dies ist der Modus, in dem Sie es eingeschaltet haben, nachdem Sie das Spielen von Angry Birds im Badezimmer beendet haben und das Telefon für eine Minute ausschalten müssen, um Ihre Hände zu waschen).

Die häufigste Verwendung für den Seitenschalter ist das Aufwecken des Telefons. Wenn Sie Ihr Telefon aufheben und es mit einem wütenden oder verwirrten Gesichtsausdruck anstarren, wird dies ebenfalls geschehen. Aber wenn Sie jemals festsitzen und das aufheben es nicht aufweckt, drücken Sie einfach den Seitenschalter und es sollte Ihnen gut gehen.

Dieser Seitenschalter wird sich auch als nützlich erweisen, wenn Sie Apple Pay verwenden möchten - klicken Sie zweimal auf den Schalter und starren Sie dann traurig auf Ihr Handy, wenn Ihnen Geld magisch weggenommen wird.

LASSEN SIE UNS ÜBER IHR GESICHT REDEN.

Die Dinge liefen gut mit Ihnen und dem Home Button. Sie konnten Ihren Daumen darüber reiben und wie ein Genie, würde es magisch Ihre DNA lesen und sich einschalten. Warum musste Apple eine gute Sache ruinieren?

Sicher, das loswerden des Buttons gibt Ihnen mehr Anzeigefläche, aber viele andere Telefone haben eine Taste auf der Rückseite des Telefons hinzugefügt, so dass Sie beide Welten haben können. Es ist, als ob Apple versucht, Sie zu zwingen, es zu lieben, nicht wahr? Ich weiß nicht, warum Apple alles tut, aber wenn uns die Vergangenheit etwas beibringt, haben wir gelernt, dass Apple uns dazu bringt, uns an bessere Dinge anzupassen, indem sie uns Dinge wegnimmt, die wir lieben. Wir liebten unsere CD-Laufwerke...und Apple nahm sie heraus und nahm USB-Laufwerke an ihre Stelle; wir haben es überlebt, nicht?! Sie haben es wieder mit der Kopfhörerbuchse gemacht. Und bei neuen Macbooks ist USB weg und an dessen Stelle das schnellere USB-C.

Veränderung macht nie Spaß, aber es ist nicht unbedingt eine schlechte Sache. Wenn Sie Zahlen mögen, werden Sie folgendes lieben. Dieser kleine Fingerscanner hat ein Verhältnis von 50.000:1 - das ist das Verhältnis, wie schwer es für jemanden wäre, in Ihr Handy zu gelangen. Das iPhone mit Face ID? 1,000,000:1. Wenn Sie also ein sicheres Telefon wollen, ist Face ID selbstverständlich.

Wenn Sie die Person Sind, die immer "Was wäre wenn" in die Gleichung wirft (Sie sind die gleiche Person, der morbide fragte, was wäre, wenn jemand mein Handy gestohlen und meinen Finger abgeschnitten hätte, um es zu öffnen? Würde der Fingerabdruckscanner noch funktionieren?), dann bin ich mir sicher, dass Sie ein paar Fragen haben. Wie zum Beispiel:

- Was passiert, wenn ich eine Brille trage und sie dann abnehme oder Kontaktlinsen habe?
- Was ist, wenn ich einen Bart habe und ihn abrasiere?
- Was, wenn ich denke, dass ich wie Brad Pitt aussehe, aber das Telefon sagt, dass ich mehr ein Lyle Lovett bin?

Sorry, Lyle, nicht jeder kann ein Brad sein - aber um die ersten beiden Punkte müssen Sie sich keine Sorgen machen. Face ID verfügt über eine adaptive Erkennung, so dass alles gut werden wird, wenn Sie sich entscheiden, es auswachsen zu lassen.

Wenn Sie sich in einem dunklen Raum befinden, funktioniert Face ID immer noch - wenn auch mit ein wenig Hilfe des Lichtsensors - was im Bett ein wenig lästig ist und der einzige Weg, Ihr Handy zu entsperren, ist, ein Licht einzuschalten, um Ihr Gesicht zu scannen. Wenn Sie sich in einem dunklen Raum befinden, können Sie auch einfach den Seitenschalter drücken, um es manuell zu öffnen und Face ID zu überspringen.

Denken Sie an Folgendes...

Jedes Jahr begeistert uns Apple mit Dutzenden neuer Funktionen. Viele dieser Funktionen sind unter der Haube und klingen nicht sehr aufregend, aber sie lassen Ihr Handy besser funktionieren. Hier sind kurz ein paar Dinge, die die Menschen begeistern. Ich werde alles abdecken, wo man diese (und mehr) finden kann, während ich Sie durch das iPhone führe und Ihnen zeige, wo die Dinge sind.

- Facetime mit mehreren Personen (bis zu 32, um genau zu sein); dies ist im Grunde genommen Apples Art, Google Hangouts und Skype zu bekämpfen. Leider kommt das Feature später im Herbst.
- Animoji - Mit dieser süßen App können Sie sich selbst animieren; sie wurde mit dem iPhone X eingeführt, aber für das neueste iOS aktualisiert.
- Fügen Sie Aufkleber und Filter hinzu, wenn Sie auf FaceTime sind oder wenn Sie ein Bild in iMessage aufnehmen.
- Screen Time - Die größte und deprimierendste Funktion des neuen iOS! Diese App sagt uns genau, wie lange wir unsere Telefone benutzen.
- Steuern Sie Ihre Benachrichtigungen - Mit dem neuesten iOS werden Benachrichtigungen gruppiert (wenn Sie also 40 E-Mails und 10 Text haben, wird nur eine angezeigt und wenn Sie sie drücken, können Sie sehen, was darunter gestapelt ist); Sie können auch steuern, wie Benachrichtigungen gesendet werden - wenn Sie möchten, dass sie z.B. leise gesendet werden (Sie erhalten die Benachrichtigung im Notification Center, aber nicht auf dem Sperrbildschirm - und sie wird ohne Ton geliefert).

- Teilen Sie mehr als Fotos - früher konnten Sie Fotos teilen; im neuen iOS können Sie Erinnerungen teilen - wenn Sie also eine Gruppe von Fotos von dieser erstaunlichen Reise nach Boring Town, USA, haben, können Sie sie mit all Ihren Freunden teilen.
- Wenn Sie die große Riesenliste von allem Neuen in iOS 12 haben wollen, besuchen Sie: https://www.apple.com/ios/ios-12/features/

Danke für die nette Geste, Apple!

Und jetzt der Moment, für den Sie gelesen haben: Wie Sie sich ohne den Button ein Telefon benutzen können.

Lasst uns nach Hause gehen.

Erstens, die einfachste Geste: zum Startbildschirm zu gelangen. Haben Sie Stift und Papier bereit? Es ist kompliziert.... streichen Sie von unten nach oben.

Das wars.

Es ist nicht weit von einem Tastendruck entfernt. Verdammt, Ihre Finger sind sogar an der gleichen Stelle! Der einzige Unterschied besteht darin, dass Sie Ihren Daumen nach oben und nicht nach innen bewegen.

Multitasking

Wie Dorothy sagen würde, es gibt keinen Ort wie Zuhause - aber wir können immer noch einen Ausruf an das Multitasking geben, nicht wahr? Wenn Sie nicht wissen, was es ist, Multitask ist, wie Sie schnell zwischen Anwendungen wechseln - Sie befinden sich in iMessage und möchten Safari öffnen, um z.b. eine Website anzuschauen; anstatt iMessage zu schließen, Safari vom Startbildschirm aus zu finden und dann den Prozess zu wiederholen, um zurück zu gelangen, verwenden Sie Multitask, um es schnell zu tun.

Auf dem alten iPhone würden Sie den Home Button zweimal drücken. Auf dem neuen iPhone streichen Sie von unten nach oben, als ob Sie nach Hause gehen würden... aber heben Sie nicht Ihren Finger; anstatt Ihren Finger zu heben, fahren Sie fort, bis Sie die Mitte Ihres Bildschirms erreichen - an dieser Stelle sollten Sie die Multitask-Schnittstelle sehen.

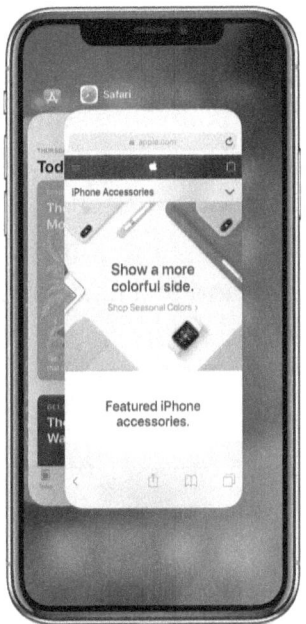

Wenn Sie eine App geöffnet haben (Hinweis: Dies funktioniert nicht auf dem Startbildschirm), können Sie Ihren Finger auch direkt über den unteren Rand des Bildschirms schieben; dadurch wird die vorherige App geöffnet.

Mission Control...Los zur Taschenlampe

Wenn Sie es noch nicht bemerkt haben, werde ich diese Funktionen in andere Anwendungen integrieren. Die dritthäufigste Geste, die Menschen verwenden, ist also das Control Center. Dort befinden sich alle Ihre Bedienelemente - denken Sie daran... Die Steuerung ist dort, wo die Steuerung ist!

Wir gehen später im Buch näher auf das Control Panel ein. Fürs Erste wissen Sie einfach, dass Sie hier Dinge wie Helligkeitsanpassung, Flugzeugmodus aktivieren und die geliebte Taschenlampe einschalten werden. Auf dem alten iPhone haben Sie auf das Control Center zugegriffen, indem Sie vom unteren Bildschirmrand aus nach oben gestrichen haben. Kein Bueno auf dem neuen iPhone-- wenn Sie sich erinnern, bringt Sie das streichen zum Start.

Zu neuen Gesten für das Control Center wird von der rechten oberen Ecke des iPhone nach unten gestrichen (nicht in die obere Mitte, was etwas anderes bewirkt).

Benachrichtigen Sie mich Wie Sie Benachrichtigungenh eralten

Igitt! So viele Gesten, an die man sich erinnern sollte! Lassen Sie mich Ihnen entgegen kommen. Um Benachrichtigungen anzuzeigen (das sind die Benachrichtigungen wie E-Mail und Text, die Sie auf Ihrem Handy erhalten), streichen Sie von der Mitte des Bildschirms nach unten. Das ist die gleiche Art und Weise, wie Sie es vorher gemacht haben! Endlich nichts Neues zum Erinnern!

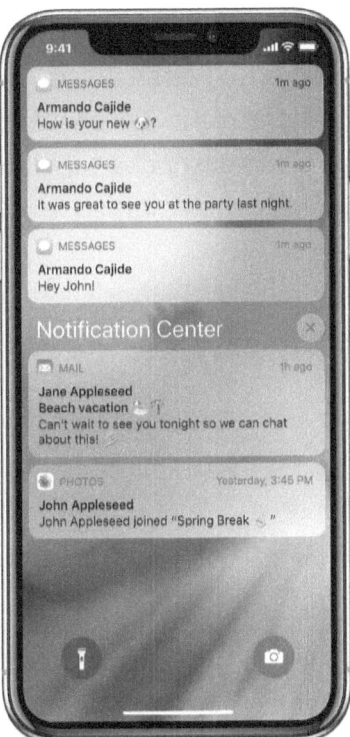

Ich hasse es Sie auf den Boden der Realität zurückzubringen, aber dass man sich an nichts erinnern muss: es gibt etwas zu erinnern. :-(

Wenn Sie von der rechten Ecke nach unten streichen, gelangen Sie zum Control Center; das war bei alten Telefonen nicht der Fall. Wenn Sie irgendwo oben hinunter streichen, gelangen Sie zum Startbildschirm. Beim X und höher können Sie nur in der Mitte streichen.

Suche nach Antworten

Wenn Sie wie ich sind, haben Sie wahrscheinlich Millionen Apps - und weil Sie das Hintergrundbild auf dem Startbildschirm Ihres Telefons sehen wollen, legen Sie diese Millionen Apps in einen Ordner! Das ist vielleicht nicht der beste Weg, um eine Bibliothek zu organisieren, aber die Suchfunktion auf dem iPhone macht es einfach, etwas schnell zu finden.

Zusätzlich zu den Apps können Sie die Suche nutzen, um Kalenderdaten, Kontakte, Dinge im Internet zu finden. Der beste Teil der Suche? Funktioniert genauso wie bei älteren iPhones...! Streichen Sie von Ihrem Startbildschirm aus in der Mitte des Bildschirms nach unten.

Alle Widgets aufrufen

Viele Apps werden mit einem so genannten Widget ausgeliefert. Widgets sind im Grunde Mini-Versionen Ihrer Lieblings-App - so können Sie z.B. das Wetter sehen, ohne die App tatsächlich zu öffnen.

Die Geste, Widgets zu sehen, ist auf dem neuen Telefon die gleiche wie auf dem alten. Hurra! Noch etwas, das Sie nicht lernen müssen. Streichen Sie vom Start- oder Sperrbildschirm aus nach rechts und sie werden herauskommen.

Greifen Sie nach den Sternen

Vor einigen Jahren hat Apple eine große Änderung am iPhone vorgenommen, indem es die Dinge...nun ja, groß gemacht hat! Sie führten das so genannte "Plus"-Modell ein. Es war wunderbar... und groß! Wenn Sie Shaq-Hände hätten, dann hätten Sie kein Problem damit, das Gerät zu halten. Wenn Sie normale menschliche Hände hatten, dann waren die Apps in der oberen Reihe des Telefons ein bisschen weit auseinander, um mit einer Hand zu erreichen.

Dies war kein großes Problem auf dem iPhone X, da es etwas kleiner als das Plus war. Die Telefone der nächsten Generation führten jedoch ein "Max"-Modell ein. Bei den alten Telefonen war dies ein Kinderspiel - nur ein doppeltes Antippen (nicht drücken, tippen) des Home Button. Neue Telefone? Sorry, aber wir sind wieder dabei, neue

Dinge zu lernen... Ich habe keine Annehmlichkeiten mehr für dieses Kapitel.
Um nach oben zu gelangen, streichen Sie am unteren Rand des Bildschirms nach unten.

DIE LÄCHERLICH EINFACHE KAPITEL EINS ZUSAMMENFASSUNG

Okay, also haben Sie nur eine Minute Zeit, um loszulegen und Sie brauchen die 1 minütige Zusammenfassung von allem Wichtigen?
Lassen Sie uns Gesten abhandeln. Die rechte Seite wird die Art und Weise sein, wie die Geste funktioniert hat und die linke Seite wird die Art und Weise sein, wie sie auf neuen iPhones funktioniert.

iPhone 8 und niedriger	iPhone X und höher
Gehen Sie zur Startseite - Drücken Sie den Home Button.	Gehen Sie zum Startbildschirm - Streichen Sie sich von unten nach oben.
Multitasking - Doppeltes drüclen auf den Home Button.	Multitasking - Streichen Sie von unten nach oben, aber heben Sie Ihren Finger nicht, bis er die Mitte des Bildschirms er-

	reicht.
Control Center - Streichen Sie von unten nach oben.	Control Center - Streichen Sie von der oberen rechten Ecke des iPhones nach unten.
Benachrichtigungen - Ziehen Sie sie vom oberen Bildschirmrand nach unten.	Benachrichtigungen - Ziehen Sie von der Mitte oben auf dem Bildschirm nach unten.
Suche - Streichen Sie vom Startbildschirm aus in der Mitte des Bildschirms nach unten.	Suche - Streichen Sie vom Startbildschirm aus in der Mitte des Bildschirms nach unten.
Zugriff auf Widgets - Streichen Sie vom Start- oder Sperrbildschirm aus nach rechts.	Zugriff auf Widgets - Streichen Sie vom Start- oder Sperrbildschirm aus nach rechts.
Nach oben gelangen - Doppeltippen Sie die Home-Taste (nicht drücken).	Nach oben gelangen - Streichen Sie am unteren Rand des Bildschirms nach unten.

[2]
HALLO, WELT

> Dieses Kapitel wird folgendes abdecken:
> - Erstmaliges Einrichten des iPhone
> - Einrichten des iPhones mit den Einstellungen der vorherigen Handys
> - Einrichten der Face ID
> - Aufladen
> - Navigieren Sie mit Gesten, 3D-Touch und mehr durch das Telefon.
> - Verwendung der Bildschirmtastatur

EINRICHTEN VON DINGEN

Nun, da Sie über die wichtigsten Unterschiede zwischen der physischen Natur des Telefons Bescheid wissen, gehen wir einen Schritt zurück und sprechen über das Einrichten. Wenn Sie sich bereits auf der Startseite befinden, können Sie diesen Abschnitt natürlich überspringen.

Das Auspacken des iPhone sollte Ihnen keine Schwierigkeiten bescheren. Es gibt kein Handbuch, aber das ist normal für Apple. Sie findest das Handbuch auf Apples Website (https://support.apple.com/manuals/iphone), wenn Sie es anschauen möchten. Auf iBooks ist es auch kostenlos. Hervorzuheben sind die Kopfhörer. Vor einigen Jahren entschied Apple für uns, dass wir keine normale Kopfhörerbuchse mehr benötigen. Wie nett, oder? Aber um nett zu sein, inkludierten sie immer einen 3,5m Lighting Adapter - so dass man jeden Kopfhörer benutzen konnte, wenn er eingesteckt war. Das diesjährige Modell lässt das weg. Wenn Sie es gerne nutzen, können Sie es für unter $10 kaufen.

Sobald Sie das Telefon mit dem Seitenschalter einschalten, wird es in einen Setup-Bildschirm geladen. Das Setup kann für viele Leute einschüchternd sein, aber Apples Setup ist wahrscheinlich das einfachste, das Sie je machen werden - sogar meine Mutter, die die gesamte Elektronik hasst, hatte kein Problem damit, es alleine zu machen.

Es ist ziemlich selbsterklärend. Ich könnte einfach alles schreiben, was Sie auf dem Bildschirm sehen werden, aber es scheint ein wenig kontraproduktiv, da Sie es auf dem Bildschirm sehen. Kurz gesagt, es wird Sie nach Ihrer bevorzugten Sprache und Ihrem Land, Ihrem drahtlosen Netzwerk fragen (stellen Sie sicher, dass Sie sich hier mit Ihrem drahtlosen Netzwerk verbinden, oder es wird anfangen, viele Anwendungen über Ihr LTE herunterzuladen, die Ihre Daten auffressen) und Sie müssen Ihr Gerät bei Ihrem Mobilfunkanbieter aktivieren.

Das sind also die Grundlagen. Es gibt ein paar Optionen danach, die vielleicht etwas weniger einfach sind. Die erste ist eine Frage, die sich stellt, ob die Ortungsdienste eingeschaltet werden sollen. Ich empfehle ja. So weiß die Karte automatisch, wo Sie sind, oder wenn Sie ein Foto in Boring Town, USA, machen und einige Jahre später sagen Sie: "Wo um alles in der Welt wurde dieses Foto aufgenommen?" Sie wissen genau, wo es aufgenommen wurde, wenn die Ortungsdienste aktiviert sind. Denken Sie daran: Alles, was Sie hier nicht einschalten (oder was Sie einschalten), kann später geändert werden. Wenn Sie also Ihre Meinung ändern, ist es in Ordnung.

> Das solltest Sie wissen: Immer wenn Ortungsdienste in einer App verwendet werden, sehen Sie ein kleines Pfeilsymbol in der oberen rechten Ecke Ihres Bildschirms.

FACE ID

Face ID ist wahrscheinlich eine der Funktionen, von denen Sie am meisten hören. Es lässt Ihr Handy Ihr Gesicht scannen, um es zu entsperren - es ist sicherer als Ihr Fingerabdruck. Um loszulegen, tippen Sie einfach auf die Schaltfläche Los gehts.

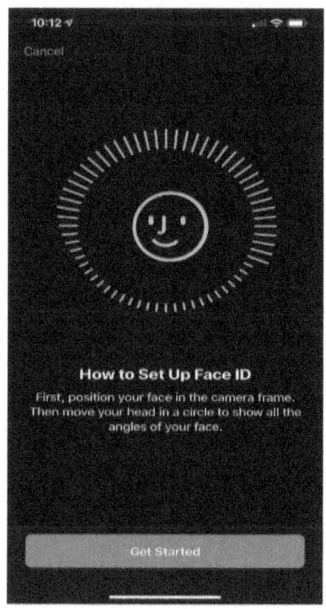

Als nächstes werden Sie angewiesen, Ihr Gesicht in die Mitte der Kamera zu alten und Sie bewegen Ihren Kopf grundsätzlich so, dass die Kamera alle Ihre Merkmale sehen kann. Es ist so, als würde man alles herumdrehen. Die Fertigstellung dauert etwa 20 Sekunden.

Sobald es erledigt ist, erhalten Sie eine Nachricht. Das wars. Ihr Handy ist nun bereit, sich mit Ihrem wunderschönen Gesichts freizuschalten!

Nachdem Sie die Face ID eingerichtet haben, werden Sie aufgefordert, ein Passwort einzugeben. Warum brauchen Sie ein Passwort, wenn Sie Face ID haben? Der größte Grund ist, dass es Zeiten geben kann, in denen Sie Face ID nicht verwenden wollen (wenn es dunkel ist und Sie nicht wollen, dass alles durch ihr Handy beleuchtet wird) oder dass Sie einen Freund haben, der Ihr Handy benutzen muss.

Standardmäßig ist das Passwort sechsstellig. Wenn Sie kein Passwort hinzufügen möchten, tippen Sie auf „Kein Passwort hinzufügen"; in diesem Bereich können Sie es auch in ein vierstelliges Passwort ändern. Mein einziger Ratschlag hier ist, kreativ zu sein: Verwenden Sie nicht die gleichen vier Ziffern wie Ihren Bank-Pin oder die letzten vier Ihrer Krankenversicherung. Und nicht vergessen: Sie können es später ändern.

Sobald die Sicherheitsoptionen eingerichtet sind, haben Sie die Möglichkeit, sie aus einem Backup wiederherzustellen. Wenn Sie ein vorheriges iPhone haben, würde ich empfehlen, dies zu tun - es wird Ihnen Zeit sparen, einige der Einstellungen später anzupassen.

Wenn Sie sich für die Wiederherstellung aus einem Backup entschieden haben, stellen Sie sicher, dass Ihr Backup auf dem neuesten Stand ist. Auf Ihrem alten iPhone gehen Sie zu Einstellungen, tippen Sie dann oben auf Ihren Namen (es wird wahrscheinlich ein Bild von Ihnen enthalten), dann auf iCloud und schließlich auf iCloud Backup. Es kann sein, dass es auf automatisch eingestellt ist. Nur um sicherzustellen, dass Sie alles bekommen, würde ich jedoch auf Jetzt Backup erstellen tippen. Unter der Jetzt Backup erstellen Option sehen Sie, wann die letzte Sicherung durchgeführt wurde.

Sie Sind fast fertig! Aber zuerst muss Apple verstehen, wie sie Ihr Geld nehmen! Der nächste Bildschirm ist das Erstellen einer Apple ID. Wenn Sie bereits einen haben, melden Sie sich an; wenn Sie keines haben, dann erstellen Sie ein neues. Sie wollen Apple nicht Ihr hart verdientes Geld geben? Ich kann es Ihnen nicht verübeln! Sie haben Ihnen schließlich mehr als 1.000 Dollar für Ihr Handy abgenommen! Aber Sie brauchen immer noch eine Apple ID. Keine Sorge - Sie müssen ihnen kein Geld mehr geben, wenn Sie es wirklich nicht wollen, aber ich bin sicher, dass Sie kostenlose Apps (wie Facebook) herunterladen wollen und dafür brauchen Sie auch eine Apple ID.

Sobald Ihr Handy fertig ist und herausgefunden hat, wie es Ihr Geld wegnehmen wird, wird es Zeit, iCloud einzurichten. Auch dies ist etwas, das ich empfehle. iCloud sichert alles aus der Ferne; wenn Sie also Dinge auf mehreren Geräten (z.b. Ihrer Apple Watch, iPad, Macbook, Apple TV) teilen möchten, ist es ein Kinderspiel.

Nach iCloud ist Apple Pay. "Moment", sagen Sie! "Ich dachte, Apple hätte schon gefragt, wie sie mehr Geld bekommen würden?!" Das haben sie! Hier geht es darum, wie andere Ihr Geld nehmen werden! Sobald Sie ein teures Telefon haben, will jeder ein Stück vom Kuchen! Apple Pay wird im Grunde genommen eine virtuelle Kreditkarte erstellen, so dass Sie, wenn Sie im Lebensmittelgeschäft sind, durch Antippen Ihres Telefons bezahlen können, anstatt Ihre Brieftasche herauszuholen.

Ist Apple Pay wirklich sicher? Mit einem Wort: Ja. Es ist sicherer als die Karte, die Sie in Ihrer Brieftasche mit sich herumtragen. Im Gegensatz zu dieser Karte kann niemand die Zahlen auf ihr sehen und wenn jemand Ihr Handy stehlen würde, könnte er Apple Pay nicht nutzen, es sei denn, er kennt Ihr

Passwort. Die Verschlüsselung bei Apple Pay ist auch viel ausgefeilter - So wird Ihre Nummer viel wahrscheinlicher online gehackt als auf Ihrem Handy.

Die meisten Banken sind auf Apple Pay, aber leider sind es einige nicht. Wenn Sie Ihre nicht sehen, müssen Sie warten. Sie können es nicht manuell hinzufügen.

Als nächstes kommt iCloud Keychain. Wie bei den meisten Dingen im Setup geht es darum, womit Sie sich wohl fühlen. Keychain speichert alle Ihre Passwörter an einem Ort. Wenn Sie also online einkaufen, müssen Sie es nicht hinzufügen oder sich daran erinnern. Es ist alles sicher - niemand außer Ihnen kann es sehen. Und natürlich können Sie es später ein- und ausschalten.

Nur noch ein paar Schritte! Bisher schmerzlos, oder?

Als nächstes kommt Siri. Siri ist Ihre persönliche Assistentin. Sie können Dinge wie "Hey, Siri: Wie ist das Wetter" sagen und wie Magie, wird sie es Ihnen sagen. Ich werde es später im Buch behandeln, aber im Moment würde ich es einschalten.

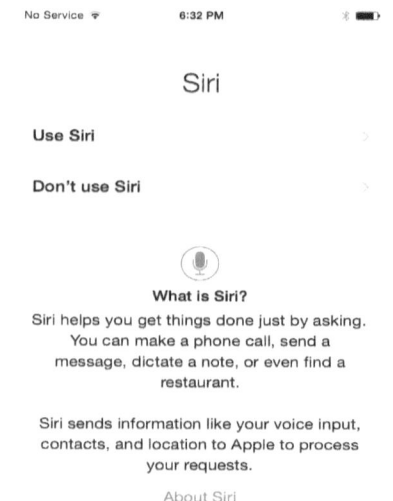

Nachdem Sie Siri aktiviert haben, entscheiden Sie, ob Sie Diagnose- und Nutzungsdaten an Apple senden möchten oder nicht. Wenn Sie sich Sorgen um den Datenschutz machen, tippen Sie auf Über Diagnose und Datenschutz, um zu erfahren, welche Informationen Apple erhält und wie sie verwendet werden.

Entscheiden Sie abschließend, ob Sie ein gezoomtes Display verwenden möchten oder nicht. Wenn Sie größere Symbole bevorzugen, können Sie die vergrößerte Ansicht für eine vergrößerte Darstellung wählen. Es liegt ganz bei Ihnen und diese Einstellung kann später geändert werden.

Und schließlich ist die Einrichtung abgeschlossen! Auf dem letzten Bildschirm steht "Willkommen beim iPhone - Starten Sie los", wenn Sie darauf tippen, gelangen Sie zum Startbildschirm, und dort beginnt der Spaß wirklich.

ICH FÜHLE MICH WIE AUFGELADEN!

Bevor Sie Ihr Handy ausführlicher benutzen, möchte ich ganz schnell über das Aufaden sprechen. Sie wissen wahrscheinlich, wie man das Ladegerät an Ihr Handy anschließt. Wenn Sie nicht herausfinden können, wie Sie ein Out-y in ein In-y stecken, dann rufen Sie den Neffen an, der Ihren Anruf nie beantwortet und fragen Sie diesen. Er wird es lieben, von Ihnen zu hören, da bin ich mir sicher.

Was vielleicht nicht so offensichtlich ist, ist, dass das iPhone nicht an etwas angeschlossen werden muss, um aufgeladen zu werden. Neue iPhones können drahtlos aufgeladen werden. Dazu braucht man ein so genanntes „Qi-Ladegerät". Sie sind nicht sehr teuer ($20-Bereich). Qi-Ladegeräte sind mit anderen Handys kompatibel, so dass viele Cafés und Hotels sie sofort einsatzbereit haben. Um es zu benutzen, stellen Sie es einfach auf die kabellose Lademmatte und stellen Sie sicher, dass die Ladeleuchte (⚡) auf dem Handy erscheint. Es ist wirklich einfach.

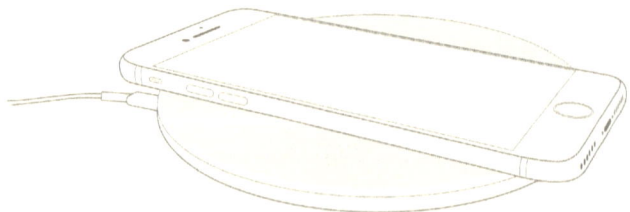

Genug über die Einrichtung! Wie benutze ich dieses Ding, endlich?

Das iPhone ist ein Touchscreen-Gerät, also sollte man denken, dass man sich nur um eine Sache kümmern muss: es zu berühren! Das ist wahr. Aber es gibt verschiedene Möglichkeiten, es zu berühren. Glücklicherweise hat sich im Gegensatz zu Gesten (erwähnt in Kapitel Eins) nichts wirklich geändert; wenn Sie also wissen, wie man ein iPhone mit 3D Touch auf früheren Handys verwendet, wird es Ihnen gut gehen. Nachfolgend finden Sie eine kurze Zusammenfassung:

Tippen

Dies ist der „Klick" der iPhone-Welt. Ein Antippen ist nur eine kurze Berührung. Es muss nicht fest sein oder sehr lange dauern. Sie können auf Symbole, Hyperlinks, Formularauswahlen und mehr tippen. Sie können auch auf Nummern auf einer Touch-Tastatur tippen, um Anrufe zu tätigen. Es ist nicht gerade Raketenwissenschaft, oder?

Tippen und halten

Das bedeutet einfach, den Bildschirm zu berühren und den Finger mit dem Glas in Kontakt zu bringen. Es ist nützlich, um Kontextmenüs oder andere Optionen in einigen Anwendungen anzuzeigen.

Doppeltippem

Dies bezieht sich auf zwei mal schnelles Tippen, wie z.B. ein Doppelklick mit dem Finger. Doppeltippen führt zu unterschiedlichen Funktionen in verschiedenen Anwendungen. Es wird auch auf Bilder oder Webseiten vergrößert.

3D Touch: Drücken

Also hier wird es ein bisschen komplizierter - aber es ist wirklich nicht so kompliziert. 3D Touch ist im Grunde genommen, wie stark Sie drücken. Wenn Sie den Glasbildschirm drücken, als ob Sie eine Taste drücken würden, können Sie in Elemente wie Mail-Nachrichten „schauen" und sie in der Vorschau ansehen, ohne sie vollständig zu öffnen. Dann drücken Sie einfach etwas fester, um die Nachricht zu „öffnen".

Streichen

Streichen bedeutet, den Finger auf die Oberfläche des Bildschirms zu legen und ihn an einen bestimmten Punkt zu ziehen und dann den Finger von der Oberfläche zu entfernen. Mit dieser Bewegung navigieren Sie durch die Menüebenen Ihrer Anwendungen, durch Seiten in Safari und vieles mehr. Es wird über Nacht zur Selbstverständlichkeit, versprochen.

Ziehen

Dies ist mechanisch dasselbe wie das Streichen, aber mit einem anderen Zweck. Sie berühren ein Objekt, um es auszuwählen und ziehen es dann an den gewünschten Ort und lassen es los. Es ist wie Drag & Drop mit der Maus, aber es überspringt den Zwischenhändler.

Kneifen

Nimm zwei Finger, lege sie auf den iPhone-Bildschirm und bewege sie entweder aufeinander zu oder weg von einander in einer Kneif- oder Rückwärtskneifbewegung. Wenn Sie Ihre Finger zusammen bewegen, werden viele Anwendungen, einschließlich Webbrowser und Fotobetrachter, vergrößert; wenn Sie sie auseinander bewegen, werden sie verkleinert.

Drehen und Neigen

Viele Apps auf dem iPhone nutzen die Vorteile des Drehens und Neigens des Geräts selbst. In der kostenpflichtigen App Star Walk können Sie den Bildschirm beispielsweise so neigen, dass er auf den für Sie interessanten Bereich des Nachthimmels zeigt - Star Walk zeigt die Sternbilder basierend auf der Richtung, in die das iPhone ausgerichtet ist.

Wie schickt man süße Emoji's an alle?

Der Grund, warum Sie ein iPhone bekommen haben, ist, entzückende Emoji's mit Ihren Textnachrichten zu schicken, offensichtlich! Also, wie macht man das? Es ist alles in der Tastatur, also werde ich das als nächstes besprechen!

Jedes Mal, wenn Sie eine Nachricht eingeben, wird die Tastatur automatisch eingeblendet. Es gibt keine zusätzlichen Schritte. Aber es gibt ein paar Dinge, die Sie mit der Tastatur tun können, um sie persönlicher zu gestalten.

Auf der Tastatur gibt es ein paar Dinge zu beachten - die Löschtaste ist mit einem kleinen x markiert (sie befindet sich direkt neben dem Buchstaben M), und die Umschalt-Taste ist die Taste mit dem Pfeil nach oben (neben dem Buchstaben Z).

Standardmäßig wird der erste von Ihnen eingegebene Buchstabe großgeschrieben. Sie können auf einen Blick erkennen, in welcher Schrif sich die Buchstaben befinden.

Um die Umschalt-Taste zu verwenden, tippen Sie einfach darauf und dann auf den Buchstaben, den Sie groß schreiben möchten, oder die alternative Satzzeichensetzung, die Sie verwenden möchten. Alternativ können Sie auch die Umschalt-Taste antippen und Ihren Finger auf den Buchstaben ziehen, den Sie groß schreiben möchten. Doppeltippen Sie auf die Umschalt-Taste, um die Caps Lock einzugeben (d.h. alles wird großgeschrieben), und tippen Sie einmal, um die Caps Lock zu verlassen.

Sonderzeichen

Um Sonderzeichen einzugeben, tippen und halten Sie einfach die Taste des zugehörigen Buchstabens gedrückt, bis Optionen angezeigt werden. Ziehen Sie Ihren Finger auf den Charakter, den Sie verwenden möchten und machen Sie sich auf den Weg. Wofür genau würden Sie das verwenden? Nehmen wir an, Sie schreiben etwas auf Spanisch und brauchen den Akzent auf das „e"; das Antippen und Festhalten des „"e" wird diese Option zur Sprache bringen.

Spracheingabe verwenden

Seien wir ehrlich: Das Tippen auf der Tastatur nervt manchmal! Wäre es nicht einfacher, einfach zu sagen, was Sie schreiben wollen? Wenn das nach Ihnen klingt, dann kann die Spracheingabe helfen! Tippen Sie einfach auf das Mikrofon neben der Leertaste und beginnen Sie zu sprechen. Es funktioniert ziemlich gut.

Zahlen- und Symboltastaturen
Natürlich gibt es im Leben mehr als nur Buchstaben und Ausrufezeichen. Wenn Sie Zahlen verwenden möchten, tippen Sie auf die Taste 123 in der linken unteren Ecke. Dadurch wird eine andere Tastatur mit Zahlen und Satzzeichen angezeigt.

Von dieser Tastatur aus können Sie durch Antippen der ABC-Taste in der linken unteren Ecke zum Alphabet zurückkehren. Sie können auch auf eine zusätzliche Tastatur zugreifen, die die restlichen Standardsymbole enthält, indem Sie auf die Taste #+- direkt über der ABC-Taste tippen.

Emoji Tastatur

Und schließlich der Moment, auf den Sie gewartet haben! Emoji's!

Die Emoji-Tastatur ist über die Smiley-Face-Taste zwischen der 123-Taste und der Diktat-Taste zugänglich. Emojis sind kleine Cartoon-Bilder, die Sie verwenden können, um Ihre Textnachrichten oder andere schriftliche Ausgaben zu beleben. Das geht weit über die Emoticons von gestern hinaus - es gibt genug Emojis auf Ihrem iPhone, um ein komplettes visuelles Vokabular zu erstellen.

Um die Emoji-Tastatur zu verwenden, beachten Sie, dass es unten Kategorien gibt (und dass das Globussymbol ganz links Sie in die Welt der Sprache zurückführt). Innerhalb dieser Kategorien stehen mehrere Bildschirme mit Piktogrammen zur Auswahl. Viele der menschlichen Emojis beinhalten multikulturelle Variationen. Halten Sie sie einfach gedrückt, um andere Optionen anzuzeigen.

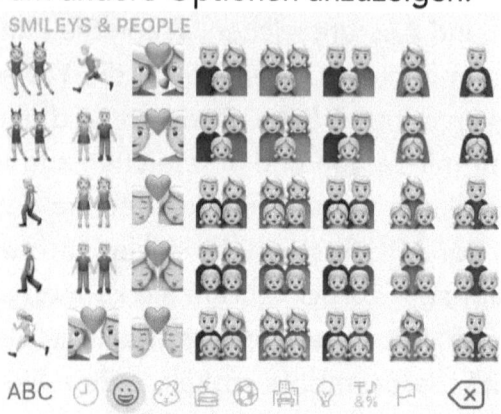

Mehrsprachiges Schreiben

Die meisten Leute sind wahrscheinlich alle bereit. Sie wissen alles, was sie über das Tippen auf dem iPhone wissen müssen, und sie sind bereit, Emoji's bei ihren Freunden zu platzieren. Es gibt noch ein paar andere Funktionen, die für einige gelten (nicht für alle Personen).

Eine dieser Funktionen ist das mehrsprachige Schreiben. Dies ist für Personen, die mehrere Sprachen gleichzeitig eingeben. Wenn Sie also zwischen Spanisch und Englisch tippen, werden Sie nicht ständig eine Meldung sehen, dass Ihre Schreibweise falsch ist.

Wenn das nach Ihnen klingt, dann müssen Sie nur ein anderes Wörterbuch aktivieren, was einfach ist. Gehen Sie zu Einstellungen > Allgemein > Wörterbuch.

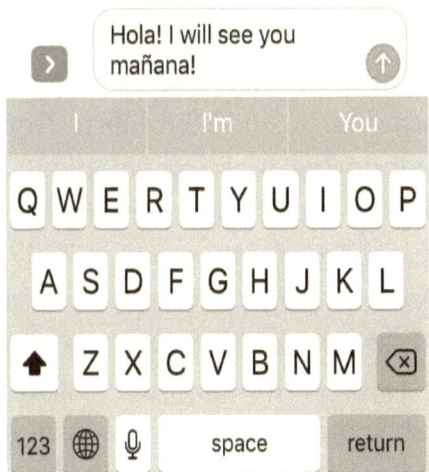

Konfigurieren von internationalen Tastaturen

Wenn Sie öfter in einer anderen Sprache tippen, sollten Sie vielleicht internationale Tastaturen einrichten. Um internationale Tastaturen einzurichten, gehen Sie auf Einstellungen > Allgemein > Tastatur > Tastaturen. Sie können dann eine entsprechende internationale Tastatur hinzufügen, indem Sie auf

Neue Tastatur hinzufügen tippen. Als Beispiel hat das iPhone eine große Unterstützung für die chinesische Texteingabe - wählen Sie aus Pinyin, Streichen, Zhuyin und Handschrift, wo Sie das Zeichen tatsächlich selbst skizzieren.

Wenn Sie eine andere Tastatur aktivieren, verwandelt sich die Smiley-Emoji-Taste in ein Globussymbol. Um internationale Tastaturen zu verwenden, tippen Sie auf die Globus Taste, um durch die Tastaturauswahl zu blättern.

Ihr iPhone ist mit Funktionen ausgestattet, die Fehler vermeiden helfen, darunter Apples kampferprobte Autokorrekturfunktion, die vor häufigen Tippfehlern schützt. In iOS 8 führte Apple eine vorausschauende Textfunktion ein, die vorhersagt, welche Wörter Sie am ehesten eingeben werden und ihre Genauigkeit ist im neuen iOS noch besser.

Drei Auswahlmöglichkeiten erscheinen direkt über der Tastatur - die Eingabe wie eingegeben, plus zwei beste Vermutungen. Prädiktiver Text ist auch etwas kontextspezifisch. Es lernt Ihre Sprachmuster, wenn Sie Ihrem Chef eine E-Mail oder Ihrem besten Freund eine Nachricht schreiben und es wird geeignete Vorschläge liefern, basierend darauf, wen Sie Nachrichten oder E-Mails schreiben. Wenn es Sie stört, können Sie es natürlich ausschalten, indem Sie zu Einstellungen > Allgemein > Tastaturen gehen und den prädiktiven Text ausschalten, indem Sie den grünen Schieberegler nach links bewegen.

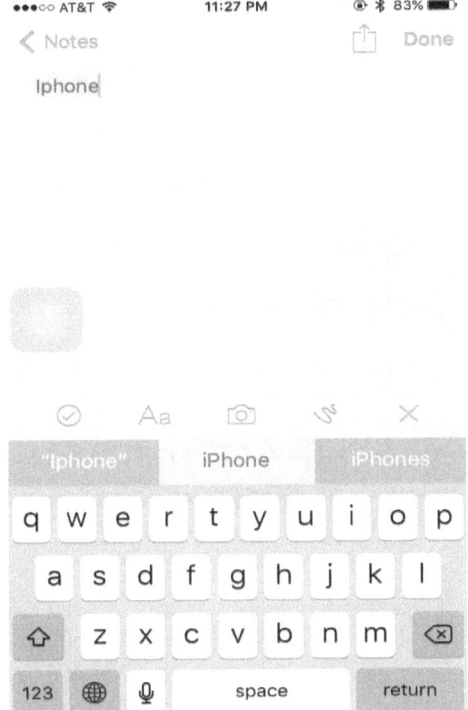

Tastaturen von Drittanbietern

Schließlich können Sie Ihrem Handy Tastaturen von Drittanbietern hinzufügen. Wenn Sie also die iPhone Tastatur hassen und etwas Ähnliches wie das, was auf Android läuft, wollen, dann können Sie zum App Store gehen und es verwenden (mehr dazu später).

[3]
NUR DIE GRUNDLAGEN...UND HALTEN SIE ES EINFACH!

Dieses Kapitel wird folgendes abdecken:
- Startbildschirm
- Anrufe tätigen
- Hinzufügen und Entfernen von Apps
- Senden von Nachrichten
- iMessage Apps
- Benachrichtigungen
- AirDrop

WILLKOMMEN ZU HAUSE

Es gibt eine Sache, die seit der Veröffentlichung des allerersten iPhone so gut wie gleich geblieben ist: der Startbildschirm. Das Aussehen hat sich weiterentwickelt, aber das Layout nicht. Alles, was Sie darüber wissen müssen, ist, dass es der Hauptbildschirm ist. Wenn Sie mich lesen: "Gehen Sie zum Startbildschirm", dann ist das der Bildschirm, von dem ich rede. Macht das Sinn?

ANRUFE TÄTIGEN

Wissen Sie, was mich immer erstaunt, wenn ich Werbespots für das iPhone sehe? Es ist ein Telefon, aber die Leute scheinen nie darüber zu reden! Aber es kann tatsächlich Telefonate führen!

Wenn Sie tatsächlich jemanden anrufen müssen, tippen Sie auf das grüne Telefonsymbol in der unteren linken Ecke Ihres Startbildschirms. Dadurch wird die Tastatur des iPhone angezeigt. Tippen Sie Ihre Nummer ein und drücken Sie die grüne Anruftaste. Um aufzuhängen, tippen Sie einfach auf die rote End-Taste am unteren Bildschirmrand. Auf dem Anrufbildschirm werden auch andere Optionen angezeigt. Wenn Sie die Tastatur während eines Anrufs verwenden möchten, tippen Sie einfach auf den Tastatur Kreis, um sie zu öffnen. Ebenso können Sie hier einen Anruf stumm schalten oder auf Lautsprecher stellen.

Das Empfangen eines Anrufs ist ziemlich intuitiv. Wenn Ihr Handy klingelt, sagt Ihnen Ihr iPhone, wer anruft. Wenn ihr Name in Ihren Kontakten gespeichert ist (mehr dazu später), wird er angezeigt. Alles, was Sie tun müssen, ist zu streichen, um den Anruf entgegenzunehmen. Es gibt auch einige zusätzliche Optionen - Sie können das iPhone bitten, Sie später an den Anruf zu erinnern, indem Sie auf Erinnern Sie mich tippen, oder Sie können mit einer Textnachricht antworten. iOS 12 enthält einige praktische Antworten, darunter „Kann jetzt nicht sprechen....", „Ich rufe Sie später an", "Ich bin auf dem Weg" und „Was ist los?". Sie können auch eine benutzerdefinierte Nachricht senden, wenn Sie möchten. Wenn Sie einen Anruf verpassen, informiert sich das iPhone beim nächsten Mal, wenn Sie Ihr Handy aufwecken. Standardmäßig können Sie auf einen verpassten Anruf direkt vom Sperrbildschirm aus reagieren.

Wenn ein Anruf von einer unbekannten Nummer eingeht, überprüft das iPhone andere Apps wie Mail, wo Telefonnummern gefunden werden können. Anhand dieser Informationen wird es eine Schätzung für Sie vornehmen und Sie wissen lassen, wer anruft. Etwas gruselig, oder? Aber auch sehr nützlich.

Wenn Sie sich besonders wohlfühlen möchten, können Sie Siri Ihren Anruf ankündigen lassen. Um diese Funktion einzuschalten, gehen Sie zu Einstellungen > Telefon > Anrufe ankündigen. Wählen Sie Immer, Kopfhörer & Auto, Nur Kopfhörer oder Nie, um Ihre bevorzugte Art der Anrufdurchsage zu wählen.

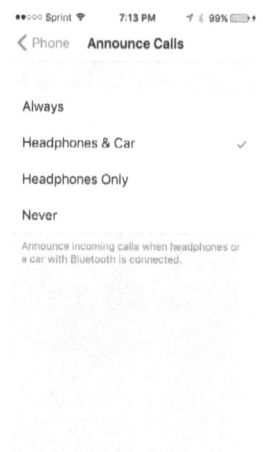

Dafür gibt es eine App

App ist die Abkürzung für application. Wenn man also den Begriff „Dafür gibt es eine App" hört. Bedeutet es nur, dass es ein Programm gibt, das das tut, was Sie wollen. Wenn Sie ein Windows-Anwender sind, sind all die Dinge, die Sie immer öffnen (wie Word und Excel), Apps. Apple hat buchstäblich Millionen von Apps. Das Öffnen einer App ist so einfach wie das Berühren.

Im Gegensatz zu Apps auf einem Computer müssen Sie Apps auf Ihrem Handy nicht schließen. Es ist alles automatisch. Bei den meisten Apps wird es Sie sogar daran erinnern wo Sie waren, wenn Sie es also wieder öffnen, wird es gespeichert.

ORGANISIEREN VON APPS

Wenn Sie wie ich sind - und das sind die meisten Leute - lieben Sie Ihre Apps und Sie haben eine Menge davon! Sie müssen also wissen, wie Sie sie verschieben, in Ordner legen und löschen können. Es ist alles einfach zu machen.

Der Startbildschirm kann der erste Bildschirm sein, den Sie sehen, aber wenn Sie nach rechts streichen, werden Sie sehen, dass es mehr gibt; Sie können 11 haben. Persönlich behalte ich die am häufigsten verwendeten Apps auf dem ersten Bildschirm und nicht viel verwendete Apps in Ordnern auf dem zweiten. Das untere Dock ist der Ort, an dem ich die Apps platziere, die ich die ganze Zeit benutze (wie Mail und Safari).

Um Apps neu anzuordnen, nehmen Sie den Finger und berühren Sie eine Ihrer Apps. Anstatt zu tippen, halten Sie Ihren Finger für einige Sekunden gedrückt - drücken Sie jedoch nicht zu stark, sonst aktivieren Sie den 3D Touch. Haben Sie bemerkt, wie alle Ihre Apps anfangen zu wackeln? Wenn die Apps so wackeln, können Sie sie berühren, ohne sie zu öffnen, und sie auf Ihrem Bildschirm ziehen. Probieren Sie es aus! Berühren Sie einfach eine App und ziehen Sie Ihren Finger, um sie zu bewegen. Wenn Sie den perfekten Platz gefunden haben, heben Sie Ihren Finger und die App fällt in Position.

Nachdem Sie weitere Apps heruntergeladen haben, können Sie Apps auch über die Startbildschirme ziehen.

Sie können eine App mit der gleichen Methode zum Verschieben löschen. Der einzige Unterschied besteht darin, dass Sie statt sie zu verschieben, auf das X in der oberen linken Ecke des Symbols tippen. Machen Sie sich keine Sorgen, dass Sie aus Versehen etwas löschen. Apps werden in der Cloud gespeichert. Sie können sie beliebig oft löschen und installieren; Sie müssen nicht erneut bezahlen - Sie müssen sie nur erneut herunterladen.

Das Verschieben von Apps auf verschiedenen Bildschirmen ist hilfreich, aber um wirklich organisiert zu sein, möchten Sie Ordner verwenden. Sie können z.B. einen Ordner für alle Ihre Spiel-Apps,

Finanz-Apps, Social Apps haben. Was immer Sie wollen. Sie wählen, wie Sie es nennen wollen. Wenn Sie einen "Apps, die ich auf der Toilette benutze" Ordner wollen, dann können Sie es natürlich haben!

Um einen Ordner zu erstellen, ziehen Sie einfach eine App über eine andere App, die Sie in diesen Ordner hinzufügen möchten.

Sobald sie zusammen sind, können Sie den Ordner benennen. Um den Ordner zu löschen, stellen Sie einfach die Ordner-Apps in den "Jiggle-Modus" und ziehen Sie sie aus dem Ordner. Das iPhone erlaubt keine leeren Ordner - wenn ein Ordner leer ist, löscht das iPhone ihn automatisch.

NACHRICHTEN

Immer mehr Smartphone-Nutzer bleiben über Textnachrichten anstelle von Telefonaten in Verbindung und das iPhone macht es einfach, mit jedem in Kontakt zu bleiben. Zusätzlich zum Senden von regulären SMS-Textnachrichten und Multimedia-Nachrichten (Bilder, Links, Videoclips und Sprachnotizen) können Sie iMessage auch zur Interaktion mit anderen Apple-Nutzern verwenden. Mit dieser Funktion können Sie Sofortnachrichten an Personen senden, die sich in einem Mac mit OS X Mountain Lion oder höher oder einem iOS-Gerät mit iOS 5 oder höher angemeldet haben. iMessage für iOS 11 wurde komplett überarbeitet, um alles ein wenig mehr...animiert zu machen.

Auf dem Nachrichten-Hauptbildschirm können Sie die vielen verschiedenen Gespräche sehen, die Sie führen. Sie können Gespräche auch löschen, indem Sie von rechts nach links auf das gewünschte Gespräch tippen und auf die rote Löschen-Taste tippen. Neue Gespräche oder bestehende Gespräche mit neuen Nachrichten werden mit einem großen blauen Punkt daneben hervorgehoben und das Nachrichtensymbol hat einen Ausweis, der die Anzahl der ungelesenen Nachrichten anzeigt, die Sie haben, ähnlich wie die Symbole Mail und Telefon.

Um eine Nachricht zu erstellen, klicken Sie auf das Symbol Nachrichten und dann auf die Schaltfläche Zusammenstellen in der oberen rechten Ecke.

Sobald das Dialogfeld für die neue Nachricht angezeigt wird, klicken Sie auf das Plus-Symbol, um aus Ihrer Kontaktliste auszuwählen, oder geben Sie einfach die Telefonnummer der Person ein, die Sie texten möchten. Für Gruppennachrichten können Sie einfach so viele Personen hinzufügen, wie Sie möchten. Klicken Sie schließlich auf das untere Feld, um mit der Eingabe Ihrer Nachricht zu beginnen.

iMessage hat in den letzten Jahren viele neue Funktionen hinzugefügt. Wenn Sie nur eine Nachricht senden möchten, dann tippen Sie einfach auf den blauen Pfeil nach oben.

Aber Sie können so viel mehr tun, als nur eine Nachricht zu senden! (Bitte beachten Sie, dass wenn Sie eine Nachricht mit neueren Funktionen an jemanden mit einem älteren Betriebssystem oder einem Nicht-Apple-Gerät senden, wird sie nicht so aussehen, wie sie auf Ihrem Bildschirm erscheint).

Beginnen Sie, indem Sie vorangehen und drücken (aber nicht die blaue Taste loslassen - oder wenn Sie ein Telefon mit 3D Touch verwenden, drücken Sie etwas fester). Dadurch werden mehrere verschiedene Animationen für die Nachricht angezeigt.

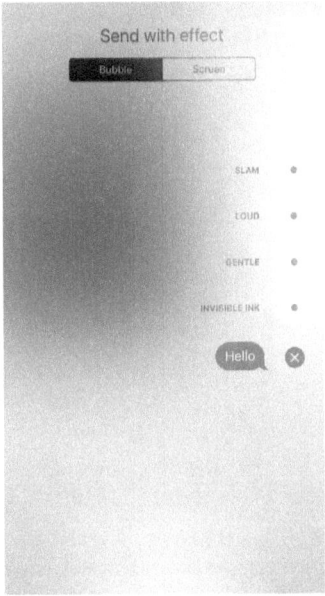

Oben auf diesem Bildschirm sehen Sie auch zwei Tabs; die eine sagt „Blase" und die andere sagt „Bildschirm"; wenn Sie auf „Bildschirm" tippen, können Sie Animationen auf dem gesamten Bildschirm hinzufügen. Streichen Sie nach rechts und links, um jede neue Animation zu sehen.

Wenn Sie eine Nachricht erhalten, die Ihnen gefällt und auf die Sie antworten möchten, können Sie mit dem Finger über die Nachricht oder das Bild tippen und halten; dies führt zu verschiedenen Reaktionen.

Sobald Sie Ihre Wahl getroffen haben, wird die Person auf der Empfängerseite sehen, wie Sie reagiert haben.

Wenn Sie Animationen, ein Foto, ein Video oder viele andere Dinge hinzufügen möchten, dann schauen wir uns die Optionen neben der Nachricht an.

Sie haben drei Möglichkeiten - die noch mehr Möglichkeiten bieten! Das erste ist die Kamera, mit der Sie Fotos mit Ihrer Nachricht senden können (oder neue Fotos aufnehmen - beachten Sie, dass diese Fotos nicht auf Ihrem Handy gespeichert werden), das nächste Mal verwenden Sie iMessage Apps (mehr dazu in einer Sekunde), und das Letzte lässt Sie eine Nachricht mit Ihrer Stimme aufnehmen.

Schauen wir uns zuerst die Kamera-Option an.

Neuer Feature-Alarm! Sie können jetzt Sticker, Text, Effekte und mehr hinzufügen, wenn Sie jemandem ein Foto schicken.

Wenn Sie nur ein Foto an Ihre Nachricht anhängen möchten, gehen Sie nach dem Antippen der Kamera in die linke obere Ecke und tippen Sie auf das Fotosymbol; dadurch werden alle Fotos angezeigt, die Sie anhängen können.

Wenn Sie ein Originalfoto aufnehmen möchten, tippen Sie auf die runde Taste auf der Unterseite. Um Effekte hinzuzufügen, tippen Sie auf den Stern in der linken unteren Ecke.

Wenn Sie auf Effekte tippen, werden Ihnen alle verfügbaren Effekte angezeigt. Ich werde bald mehr über Animoji sprechen, aber als Beispiel können Sie mit dieser App einen Animoji über Ihr Gesicht legen (siehe Beispiel unten - nicht schlecht für ein Autorenfoto, oder?!).

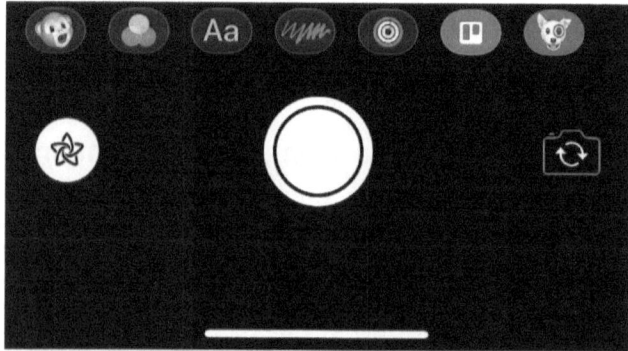

Schließlich ist die letzte Option Apps. Sie sollten inzwischen alles über Telefon-Apps wissen, aber jetzt gibt es einen neues Set von Apps namens iMessage Apps. Mit diesen Apps können Sie sowohl albern (digitale Sticker versenden) als auch ernsthaft (Geld an jemanden per SMS versenden) sein. Tippen Sie zum Starten auf das Pluszeichen, um den Message App Store zu öffnen.

Sie können alle Apps durchsuchen, genau wie im normalen App Store. Die Installation ist ebenfalls identisch.

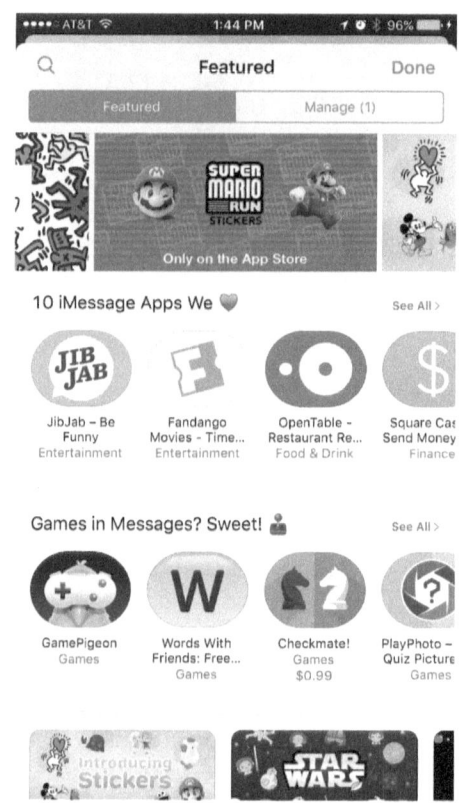

Wenn Sie die App nutzen möchten, tippen Sie einfach auf Apps, tippen Sie auf die App, die Sie laden möchten und tippen Sie auf das, was Sie senden möchten. Sie können auch Sticker über die Nachrichten ziehen. Tippen, halten und ziehen Sie es einfach.

Ebenfalls im App-Bereich befindet sich eine Schaltfläche namens #images.

Wenn Sie auf diese Schaltfläche tippen, können Sie nach Tausenden von humorvollen Memes und animierten GIFs suchen. Tippen Sie einfach darauf und suchen Sie nach einem Begriff, den Sie finden möchten - z.B. „Geld" oder „Kampf".

Ein letztes, ausprobierbares Feature von iMessage ist die persönliche handschriftliche Notiz. Tippen Sie auf eine neue Nachricht, wie Sie es bei der Eingabe einer neuen Nachricht tun werden; drehen Sie nun Ihr Telefon horizontal. Dies bietet die Möglichkeit, mit dem Finger eine handschriftliche Notiz zu erstellen. Schreiben und drücken Sie auf fertig, wenn Sie es erledigt haben.

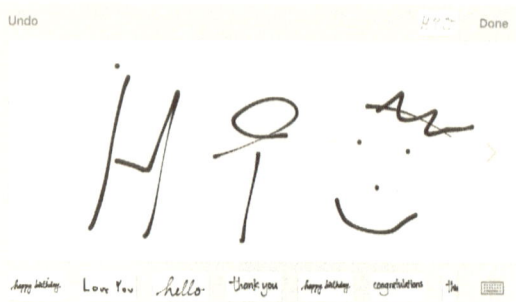

Benachrichtigungen

Wenn Sie Ihr Handy gesperrt haben, werden Sie irgendwann Benachrichtigungen sehen; dies sagt Ihnen Dinge wie „Sie haben eine neue E-Mail", „Vergessen Sie nicht, Ihren Wecker einzustellen", etc.

Neuer Feature-Alarm: Benachrichtigungen können überwältigend werden, wenn Sie Ihr Telefon nicht öffnen, um sie zu löschen. iOS 12 führte die Gruppierung in Benachrichtigungen ein.

Wenn Sie also alle Ihre Benachrichtigungen auf Ihrem Sperrbildschirm sehen, werden sie nach dem organisiert, was sie sind. Um alle Benachrichtigungen aus einer bestimmten Kategorie anzuzeigen, tippen Sie einfach darauf.

Sie sind kein Fan von Gruppierungen? Kein Problem. Sie können es für jede App deaktivieren. Gehen Sie zu Einstellungen, dann Benachrichtigungen und tippen Sie dann auf die App, für die Sie die Gruppierung ausschalten möchten. Schalten Sie unter Benachrichtigungsgruppierungen einfach Automatisch aus.

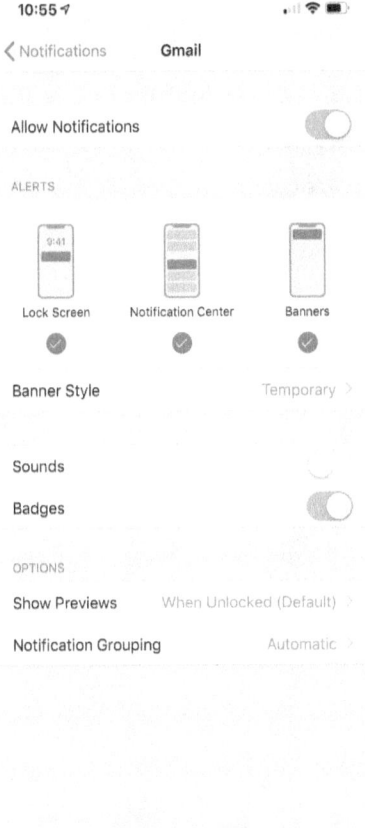

VERWENDUNG VON AIRDROP

AirDrop wurde in iOS 7 eingeführt, obwohl Apple-Fans wahrscheinlich die Mac OS-Version auf MacBooks und iMacs verwendet haben. In Mac OSX Sierra und Yosemite können Sie endlich mit AirDrop zwischen iOS und Ihrem Mac teilen.

AirDrop ist Apples File-Sharing-Service und wird standardmäßig auf iOS 12-Geräten angeboten. Sie können AirDrop über das Share-Symbol an beliebiger Stelle in iOS 12 aktivieren. Wenn andere AirDrop-Benutzer in der Nähe sind, sehen Sie alles, was sie in AirDrop teilen und sie können alles sehen, was Sie freigeben.

AirDrop. Share instantly with people nearby. If they turn on AirDrop from Control Center on iOS or from Finder on the Mac, you'll see their names here. Just tap to share.

[4]
NUR DIE GRUNDLAGEN...UND HALTEN SIE ES EINFACH!

Dieses Kapitel wird folgendes abdecken:
- Mehr über das Telefon
- Senden von E-Mails
- Surfen im Internet
- iTunes verwenden
- Apple Music
- Apps im App Store finden
- Kalendereinträge hinzufügen
- Das Wetter finden
- Verwenden von Maps
- iBooks
- Health
- Meine Freunde suchen
- Mein iPhone suchen

- HomeKit
- ARKit

Es gibt Millionen von Apps, die Sie herunterladen können, aber Apple investiert viel Zeit, um sicherzustellen, dass einige der besten Apps eigene sind. Wenn Sie ein neues iPhone erhalten, sind bereits Dutzende von Apps installiert. Sie können sie löschen (und später wieder herunterladen), aber bevor Sie das tun, stellen Sie sicher, dass Sie wissen, was sie sind.

TELEFON

In den vorherigen Kapiteln haben Sie einen sehr detaillierten Überblick über das Telefonieren erhalten. Jetzt lassen Sie uns etwas tiefer gehen.
Öffnen Sie Ihre Telefon-App. Beachten Sie die Tabs am unteren Bildschirmrand. Lassen Sie uns durchgehen, was jeder einzelne tut.

Favorites   Recents   Contacts   Keypad   Voicemail

Favoriten: Das sind die Leute, die Sie am häufigsten anrufen. Sie sind auch in Ihren Kontakten. Es ist so ähnlich wie Ihre Kurzwahl.

Kürzlich: Jeder Anruf (abgehend oder ankommend) wird hier angezeigt. Eingehende Anrufe sind schwarz und ausgehende Anrufe sind rot.

Kontakte: Hier wird jeder Kontakt sein. Bemerken Sie die Buchstaben auf der Seite? Tippen Sie auf den Buchstaben der Person, die Sie anrufen möchten, um zu diesem Buchstaben zu gelangen.

Tastenfeld: Dies ist der Schlüssel, den Sie verwenden, wenn Sie die Person über eine tatsächliche Tastatur anrufen möchten.

Voicemail: Ihre gesamte Voicemail wird hier gespeichert, bis Sie sie löschen.

Persönlich möchte ich gerne Kontakte hinzufügen, indem ich auf icloud.com gehe und mich mit meinem iTunes Account anmelde. Es synchronisiert sich automatisch mit dem Telefon und ist webbasiert, was bedeutet, dass es keine Rolle spielt, ob Sie einen Mac oder einen PC verwenden. Ich bevorzuge diesen Weg, weil ich mit einer echten Tastatur tippen kann.

Um dieses Buches willen werde ich jedoch die Telefonmethode verwenden, die fast identisch mit der von iCloud ist.

Um einen Kontakt hinzuzufügen, tippen Sie auf „Kontakte" und dann auf die Schaltfläche „+" in der oberen rechten Ecke. Darüber hinaus können Sie Kontakte entfernen, indem Sie stattdessen auf die Schaltfläche Bearbeiten tippen und dann auf die Person tippen, die Sie löschen möchten, und dann auf Löschen.

Edit   **Favorites**   +

Um Informationen einzufügen, müssen Sie lediglich in jedes Feld tippen. Wenn Sie auf „Foto hinzufügen" tippen, haben Sie auch die Möglichkeit, das Foto von jemandem aufzunehmen oder eines zu verwenden, das Sie bereits haben. Wenn Sie einen Klingelton oder eine Vibration zuweisen möchten, so dass er einen bestimmten Song nur dann wiedergibt, wenn diese Person anruft, dann fügen Sie ihn unter Klingeltöne hinzu. Wenn Sie fertig sind, tippen Sie auf Fertig. Es gibt Ihnen nun die Möglichkeit, die Person zu Ihren Favoriten hinzuzufügen, wenn es sich um jemanden handelt, den Sie oft anrufen werden.

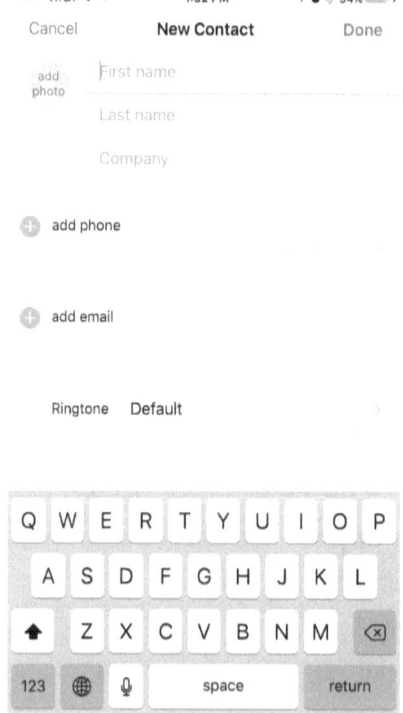

Um eine Person anzurufen, tippen Sie einfach auf deren Namen. Wenn Sie ihnen stattdessen eine Textnachricht senden möchten, tippen Sie auf den blauen Pfeil an der Seite ihres Namens, beachten Sie, dass nur der blaue Pfeil angezeigt wird, wenn er sich im Abschnitt „Favoriten" befindet. Um jemanden anzurufen, der nicht zu Ihren Favoriten gehört, tippen Sie auf seinen Namen in den Kontakten und es wird Sie fragen, ob Sie anrufen oder texten möchten. Wenn Sie es vorziehen, die Person mit Facetime anzurufen (wenn sie Facetime hat), haben Sie auch die Möglichkeit, indem Sie auf den blauen Ausrufknopf tippen.

Ein stark beworbenes Feature auf dem iPhone ist „Nicht stören". Wenn diese Funktion aktiviert ist, kommen keine Anrufe durch; Sie sehen nicht einmal, dass Ihr Telefon klingelt, es sei denn, es ist von jemandem aus Ihrer genehmigten Liste. Auf diese Weise können Sie es so einstellen, dass es nur klingelt, wenn jemand in Ihrer Familie anruft. Um diese Funktion nutzen zu können, müssen Sie auf Ihrem Startbildschirm zu Ihren „Einstellungen" gehen.

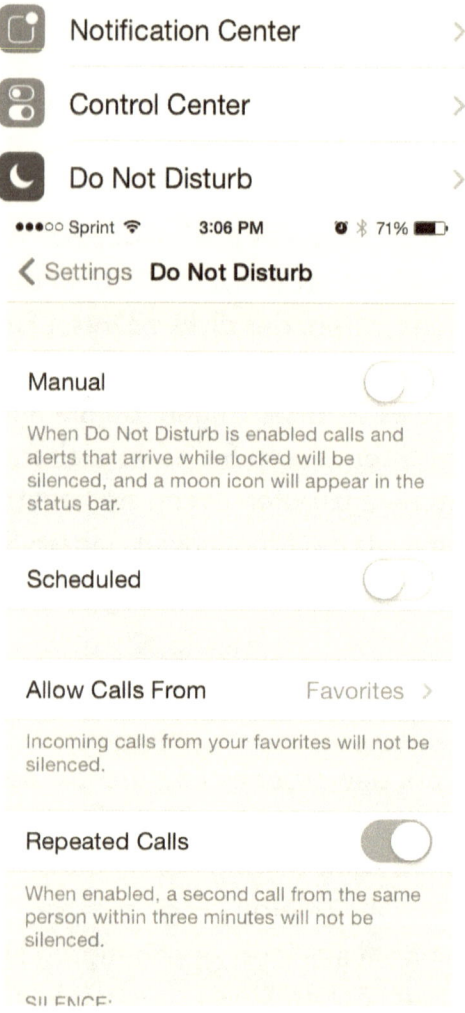

Standardmäßig kann jeder in Ihren Favoriten anrufen, wenn „Nicht stören" eingeschaltet ist. Beachten Sie auch die Schaltfläche „Wiederholte Anrufe", die standardmäßig eingeschaltet ist. Das bedeutet, dass, wenn die gleiche Person zweimal in drei Minuten anruft, sie durchkommt.

Wenn Sie einstellen möchten, dass keine Anrufe durchgelassen werden, tippen Sie auf das Feld „Anrufe zulassen von". Um zum vorherigen Menü zurückzukehren, tippen Sie einfach auf die Schaltfläche „Nicht stören" in der linken oberen Ecke. Jedes Mal, wenn Sie einen solchen Button in der linken oberen Ecke sehen, bedeutet das, dass Sie zum vorherigen Bildschirm gelangen. Die Informationen hier werden gespeichert, sobald Sie darauf tippen, also machen Sie sich keine Sorgen um eine Speichertaste.

MAIL

Mit dem iPhone können Sie mehrere E-Mail-Adressen aus praktisch jedem beliebigen E-Mail-Programm hinzufügen. Yahoo, Gmail, AOL, Exchange, Hotmail und viele mehr können Ihrem Handy hinzugefügt werden, so dass Sie Ihre E-Mails überprüfen können, egal wo Sie sich befinden. Um eine E-Mail-Adresse hinzuzufügen, klicken Sie auf das Symbol der Einstellungs-App und scrollen Sie dann zur Mitte, wo Sie E-Mail, Kontakte & Kalender sehen. Sie werden dann Logos der größten E-Mail-Anbieter sehen, aber wenn Sie eine andere Art von E-Mail haben, klicken Sie einfach auf „Andere" und fahren Sie fort.

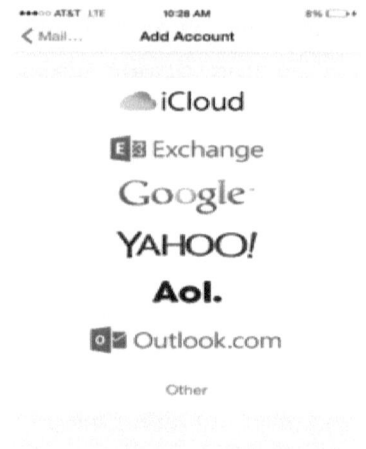

Wenn Sie Ihre E-Mail-Einstellungen nicht kennen, müssen Sie die Seite Anzeigen der Mail-Einstellungen auf der Apple-Website besuchen. Dort können Sie Ihre gesamte E-Mail-Adresse eingeben und die Website zeigt Ihnen, welche Informationen Sie eingeben müssen und wo, damit Ihr E-Mail-Konto am Telefon funktioniert. Die Einstellungen ändern sich mit jedem, so dass das, was für einen Anbieter funktioniert, möglicherweise nicht mit einem anderen funktioniert. Sobald Sie fertig sind, so viele E-Mail-Konten hinzuzufügen, wie Sie benötigen, können Sie auf das E-Mail-App-Symbol auf dem Startbildschirm Ihres Telefons klicken und jeden Posteingang einzeln oder auf einmal ansehen.

Mit Safari im Internet surfen

Wenn Sie das iPhone benutzen, bezahlen Sie wahrscheinlich bereits für einen Datentarif, also stehen die Chancen gut, dass Sie den vollen Nutzen aus dem Internet ziehen wollen.

Es besteht eine gute Chance, dass Sie einen Anbieter verwenden, der nicht über unbegrenztes Websurfen verfügt. Das bedeutet, dass, wenn Sie das Internet viel nutzen, Sie extra bezahlen müssen. Was ich empfehle, ist die Verwendung von Wi-Fi, wenn Sie es haben (wie zu Hause). Bevor wir also wieder zu „Safari" zurückkehren, lassen Sie uns sehr schnell prüfen, wie man Wi-Fi aktiviert.

Tippen Sie auf dem Startbildschirm auf das Symbol Einstellungen.

Die zweite Option im Einstellungsmenü ist Wi-Fi; tippen Sie einmal an einer beliebigen Stelle auf dieser LiNie.

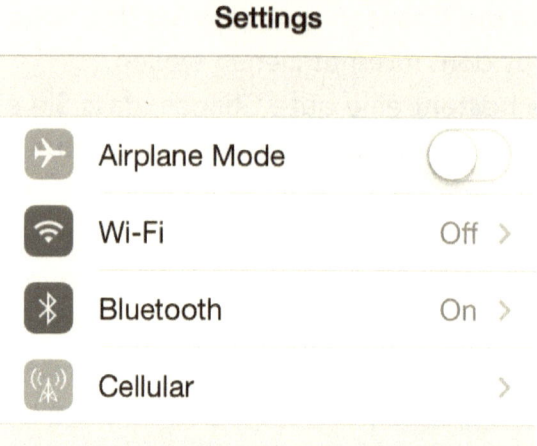

Als nächstes schalten Sie das Wi-Fi von Aus zu Ein, indem Sie die Taste „Aus" streichen oder antippen.

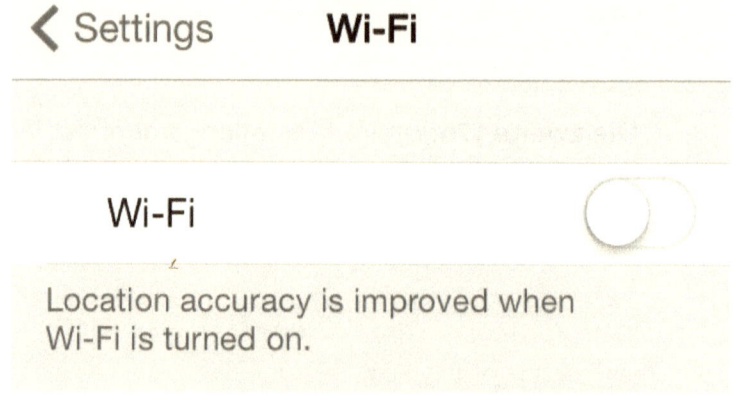

Ihr Wi-Fi-Netzwerk (falls vorhanden) wird nun angezeigt. Tippen Sie einmal darauf.

2WIRE103

Wenn sich neben dem Signalsymbol eine Sperre befindet; bedeutet das, dass der Wi-Fi-Zugang gesperrt ist und Sie benötigen ein Passwort, um ihn zu verwenden. Wenn Sie dazu aufgefordert werden, geben Sie das Passwort ein und tippen Sie dann auf „Beitreten".

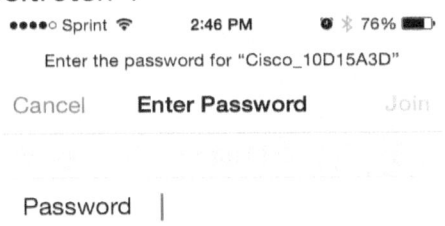

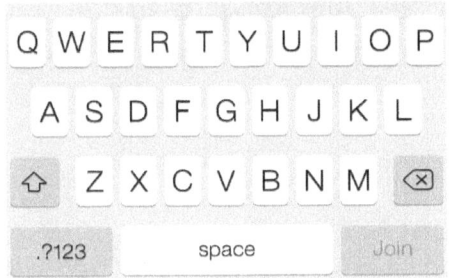

Sie verbinden sich nun mit dem Netzwerk. Denken Sie daran, dass viele Orte, wie Star Bucks, McDonalds, Nordstroms, Lowe's usw., kostenloses Wi-Fi anbieten, um Sie in den Laden zu locken und Sie zum Bleiben zu bringen. Nutzen Sie die Vorteile und sparen Sie die Datennutzung für die Zeit, die Sie benötigen.

Schauen wir uns an wie Safari funktioniert.

Tippen Sie beim Start auf das Symbol „Safari". Sie haben bereits gesehen, wie die Adressleiste funktioniert. Um nach etwas zu suchen, verwenden Sie das gleiche genaue Feld. So können Sie im Internet nach allem suchen. Stellen Sie es sich wie eine Google-, Bing- oder Yahoo!-Suchmaschine in der Ecke Ihres Bildschirms vor. In der Tat, das ist genau das, was es ist. Denn wenn Sie suchen, verwendet es eine dieser Suchmaschinen, um Ergebnisse zu finden.

Am unteren Rand des Bildschirms sehen Sie fünf Schaltflächen; die ersten beiden sind Vor- und Zurück-Schaltflächen, mit denen die Website entweder rückwärts oder vorwärts zu der Website gelangt, auf der Sie sich zuvor befanden.

Neben dem Vorwärtspfeil, in der Mitte, befindet sich eine Schaltfläche, mit der Sie eine Website freigeben, zum Startbildschirm hinzufügen, drucken, mit einem Lesezeichen versehen, kopieren oder in Ihre Leseliste aufnehmen können.

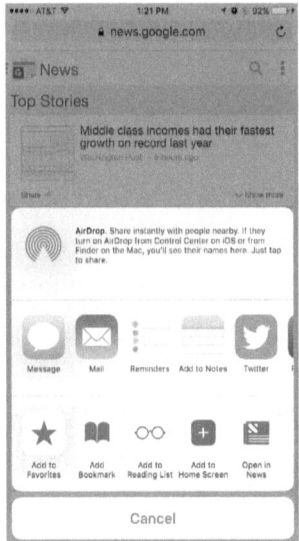

Das ist großartig! Aber was bedeutet das alles? Betrachten wir die einzelnen Schaltflächen im Menü:

Social Buttons: Mail, Message, Twitter, Facebook sind „Social Buttons"; wenn Sie einen von ihnen drücken, wird die Website, die Sie gerade besuchen, mit dem Button geteilt, den Sie gedrückt haben (Message, FYI, ist eine Textnachricht).

Zum Startbildschirm hinzufügen: Wenn Sie eine Website häufig besuchen, kann dies sehr bequem sein. Was diese Schaltfläche bewirkt, ist das Hinzufügen eines Symbols für diese Webseite direkt zu Ihrem „Startbildschirm". Auf diese Weise können Sie die Website jederzeit direkt vom Startbildschirm aus aufrufen.

Drucken: Wenn Sie einen AirPrint-kompatiblen Drucker besitzen, können Sie ein Foto, Dokument oder eine Webseite direkt von Ihrem Handy aus drucken.

Kopieren: Dadurch wird die Adresse der Website kopiert.

Lesezeichen setzen: Wenn Sie eine Website oft besuchen, sie aber nicht zu Ihrem „Startbildschirm" hinzufügen möchten, können Sie sie mit einem Lesezeichen versehen: Ich werde Ihnen dies in Kürze näher erläutern.

Zur Leseliste hinzufügen: Wenn Sie einen Haufen Nachrichten geöffnet haben, können Sie sie zu einer Leseliste hinzufügen, um sie später zu lesen (auch wenn Sie offline Sind).

Der nächste Button, der wie ein Buch aussieht, ist der Lesezeichen-Button.

Gehen wir zurück zum Lesezeichen-Button und sehen wir, wie das funktioniert.

Wenn Sie ein Lesezeichen hinzufügen (denken Sie daran, dass Sie dies von der vorherigen Taste, der mittleren Taste, aus tun), wird es Sie bitten, es zu benennen. Standardmäßig wird es in die Tab Allgemeine Lesezeichen aufgenommen, aber Sie können auch neue Ordner erstellen, indem Sie auf „Lesezeichen" klicken.

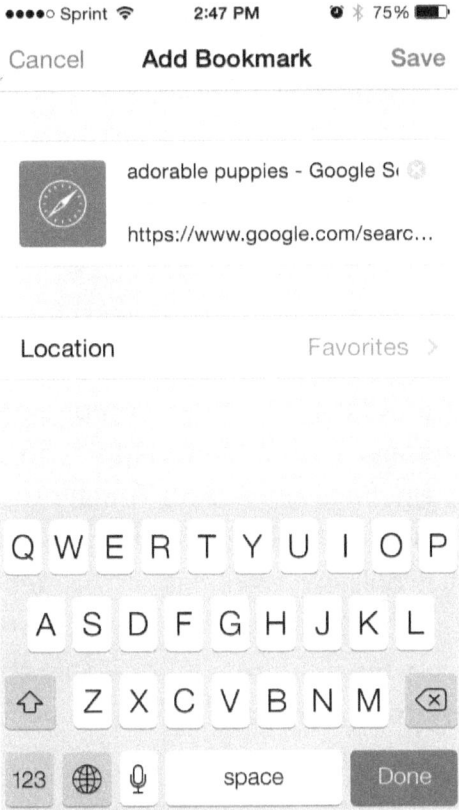

Jetzt können Sie die Website jederzeit aufrufen, ohne die Adresse einzugeben, indem Sie auf die Schaltfläche Lesezeichen tippen.

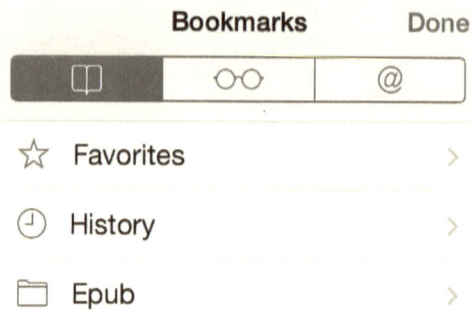

Das Tab iCloud ist etwas, worauf Sie achten sollten, wenn Sie ein anderes Apple-Gerät verwenden (z.B. ein iPad, einen iPod Touch oder einen Mac-Computer). Ihr Safari-Browsing wird automatisch synchronisiert; wenn Sie also eine Seite auf Ihrem iPad durchsuchen, können Sie dort weitermachen, wo Sie auf Ihrem iPhone aufgehört haben.

Die letzte Schaltfläche sieht aus wie eine Box auf einer transparenten Box.

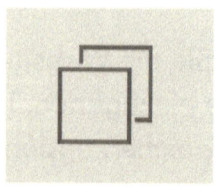

Wenn Sie einen Computer oder ein iPad benutzen, dann wissen Sie wahrscheinlich alles über Tabs. Apple hat beschlossen, keine Tabs auf Safari zu verwenden. Tabs gibt es jedoch auf eine andere Art und Weise, das ist es, was diese Schaltfläche ist; sie lässt Sie mehrere Fenster gleichzeitig öffnen. Wenn Sie ihn drücken, erscheint ein neues

Fenster. Es gibt eine Option, um eine neue Seite zu öffnen. Zusätzlich können Sie zwischen den Seiten wechseln, die Sie bereits geöffnet haben. Das Drücken des roten „x" schließt auch eine Seite, die Sie geöffnet haben. Kleicken Sie auf fertig, um zum normalen Surfen zurückzukehren.

Wenn Sie Ihr Handy in seitlich stellen (d.h. es seitlich drehen), dreht sich auch der Browser und Sie haben nun die Möglichkeit, den Vollbildmodus zu verwenden. Tippen Sie auf die Doppelpfeile, um es zu aktivieren.

Die Leseliste ist das mittlere Symbol, das wie eine Brille aussieht, auf der Sie alle Webseiten, Blogbeiträge oder Artikel ansehen können, die Sie für das Offline-Lesen gespeichert haben. Um ein Stück Internet-Literatur in Ihrer Leseliste zu speichern, tippen Sie auf das Symbol Teilen und klicken Sie dann auf Zur Leseliste hinzufügen. Gespeicherte Seiten können wie eine Textnachricht gelöscht werden, indem Sie von rechts nach links blättern und auf die rote Schaltfläche Löschen tippen.

Brian Normanl 83

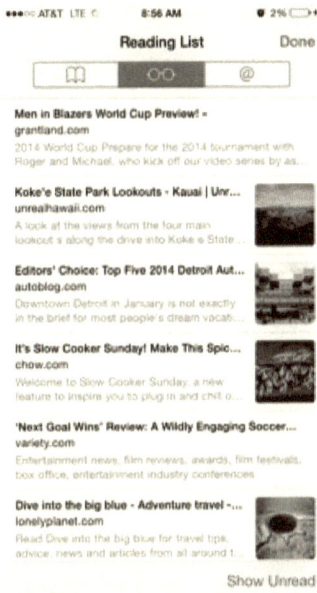

Der dritte Tab auf der Seite Lesezeichen ist der Bereich, in dem Sie Ihre freigegebenen Links und Abonnements anzeigen können. Abonnements können von jeder Webseite aus erstellt werden, die RSS-Feeds anbietet und Ihr Handy lädt automatisch die neuesten Artikel und Beiträge herunter. Um den RSS-Feed einer Website zu abonnieren, besuchen Sie die Website, tippen Sie auf das Lesezeichensymbol und wählen Sie Zu freigegebenen Links hinzufügen.

Zurück auf der Hauptseite von Safari, ist die letzte Schaltfläche in der rechten unteren Ecke Tabs. Genau wie bei der Mac-Version können Sie mehrere Tabs mit Webseiten gleichzeitig öffnen und problemlos zwischen ihnen wechseln. Um die Tabs in den privaten Modus zu versetzen, in dem Ihr Browserverlauf oder Ihre Cookies nicht gespeichert oder aufgezeichnet werden, tippen Sie auf die Schaltfläche Tabs und wählen Sie Privat. Sie werden aufgefordert, entweder alle vorhandenen Tabs zu schließen oder zu behalten. Wenn Sie keine Tabs verlieren möchten, die möglicherweise noch offen sind, entscheiden Sie sich, sie zu behalten. Bestehende Tabs werden nun zusätzlich zu allen neuen Tabs, die Sie öffnen, hinter dem privaten Surfen geschützt.

ITUNES

Die iTunes App auf Ihrem Startbildschirm öffnet den größten digitalen Musikladen der Welt. Sie können nicht nur Musik kaufen und herunterladen, sondern auch unzählige Filme, Fernsehsendungen, Hörbücher und mehr. Auf der iTunes-Startseite finden Sie auch einen What's Hot-Bereich, Musiksammlungen und Neuerscheinungen.

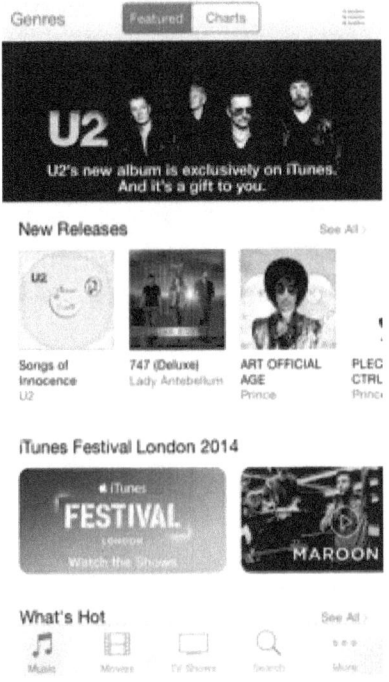

Oben sehen Sie die Option, entweder die vorgestellten Medien anzuzeigen oder in den oberen Charts zu blättern. In der oberen linken Ecke befindet sich die Schaltfläche Genres. Wenn Sie auf Genres klicken, werden viele verschiedene Arten von Musik angezeigt, um Ihre Suche zu verfeinern.

Neuer Feature-Alarm: Wenn Sie einen Text in iTunes suchen, zeigt er nun die Ergebnisse an.

APPLE MUSIC

Apple Music ist ein relativ neuer Service von Apple, der Ihnen die Möglichkeit bietet, den gesamten iTunes Store zu streamen und kuratierte Wiedergabelisten von Musikexperten nach Ihren Wünschen zu erhalten. Es kostet $9.99 pro Monat, aber Sie können die Vorteile der dreimonatigen kostenlosen Testversion nutzen, um zu sehen, ob dieser Service für Sie ist, bevor Sie dafür bezahlen. Es bietet auch Rabattpreise für Familienpläne und Studenten an.

APPS KAUFEN

Wie kauft, lädt und entfernt man also Apps? Ich werde das in diesem Abschnitt ansehen.

Um Apps zu kaufen und ich meine nicht wirklich, für sie zu bezahlen, weil man kostenlose Apps kaufen kann, ohne dafür zu bezahlen, machen Sie folgendes:

Brian Normanl 87

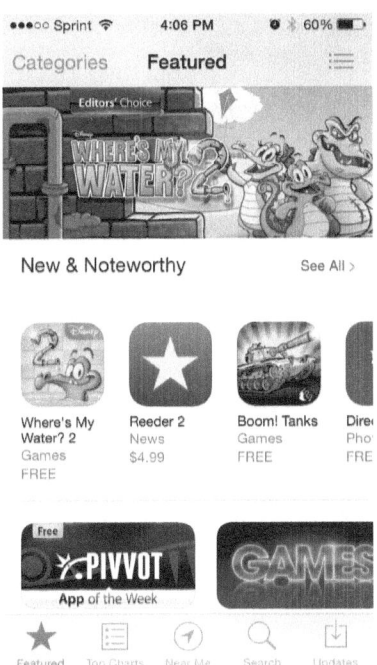

Das erste, was Sie sehen, wenn Sie den App Store öffnen, sind die Feature-Apps. Das heißt, Spiele, viele und viele Spiele! Spiele sind die wichtigste Kategorie im App Store, aber keine Sorge, es gibt mehr als nur Spiele. Später in diesem Handbuch werde ich Ihnen einige der wichtigsten Apps zeigen, die Sie erhalten sollten, aber im Moment wollen wir sehen, wie der App Store funktioniert, so dass Sie einige davon selbst entdecken.

In der linken oberen Ecke der Seite „Featured" und der oberen Charts (um zu den oberen Charts zu gelangen, tippen Sie auf die Schaltfläche unten) befindet sich eine Schaltfläche mit der Aufschrift „Kategorien". So können Sie die Apps in Nicht-Game-Kategorien unterteilen.

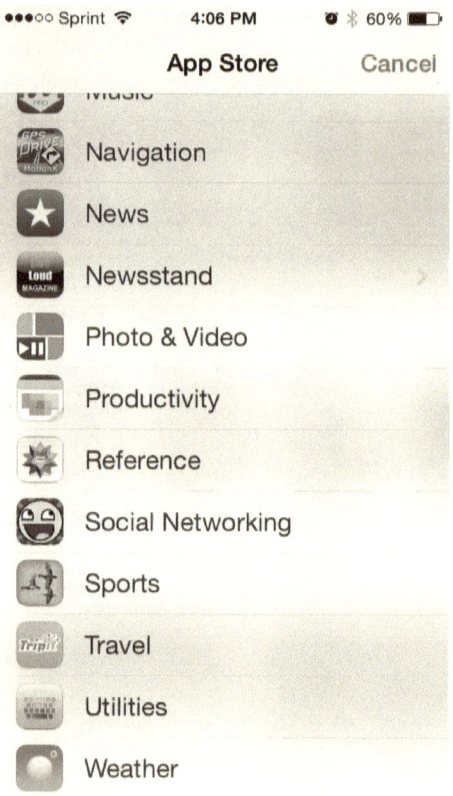

Wenn Sie von einer neuen App hören und sie ausprobieren möchten, verwenden Sie die Option „Suchen".

Wenn Sie eine App finden, die Sie kaufen möchten, tippen Sie einfach auf die Preisschaltfläche und geben Sie Ihr Passwort für den App Store ein. Denken Sie daran, dass nur weil eine App kostenlos heruntergeladen werden kann, nicht bedeutet, dass Sie nichts bezahlen müssen, um sie zu nutzen. Viele Apps verwenden „In-App-Käufe", was bedeutet, dass Sie innerhalb der App etwas kaufen müssen. Sie werden jedoch benachrichtigt, bevor Sie etwas kaufen.

Apps kommen ständig mit Updates wie neuen, besseren Funktionen heraus. Updates sind fast immer kostenlos, sofern nicht anders angegeben, und einfach zu installieren. Klicken Sie einfach auf den letzten Tab: „Updates". Wenn Sie irgendwelche Apps haben, die aktualisiert werden müssen, werden Sie sie hier sehen. Sie werden auch sehen, was es Neues in der App gibt. Wenn Sie einen sehen, tippen Sie auf „Aktualisieren", um das Update zu starten.

Updates

Wenn Sie eine App gekauft haben, sie aber versehentlich gelöscht haben oder Ihre Meinung über das Löschen geändert haben, machen Sie sich keine Sorgen! Sie können die App erneut an der gleichen Stelle herunterladen, an der Sie die Updates sehen. Tippen Sie einfach auf „Gekauft". Wenn Sie auf die Schaltfläche „Gekauft" tippen, sehen Sie zwei Optionen: eine ist es, alle Apps zu sehen, die Sie gekauft haben und eine, um nur die Apps zu sehen, die Sie gekauft haben, aber nicht auf Ihrem Handy sind. Tippen Sie auf denjenigen, wo „Nicht auf diesem iPhone" steht, um etwas kostenlos erneut herunterzuladen. Tippen Sie einfach auf die Schaltfläche Cloud rechts neben dem Bildschirm. Sie können es sogar noch einmal herunterladen, wenn Sie es auf einem anderen iPhone gekauft haben, solange es sich unter demselben Konto befindet.

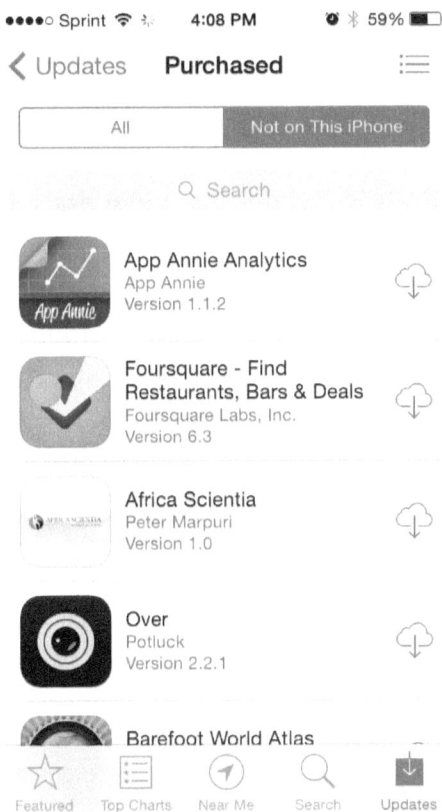

Das Löschen von Apps ist einfach: Tippen und halten Sie auf Ihrem Startbildschirm das Symbol der App, das Sie entfernen möchten und tippen Sie dann auf das" x" oben auf der App.

KALENDER

Unter den anderen vorinstallierten Apps, die mit Ihrem neuen iPhone geliefert wurden, ist vielleicht eine der am häufigsten verwendeten Apps der Kalender. Sie können zwischen der Anzeige von Terminen, Aufgaben oder allem, was in einer

Tages-, Wochen- oder Monatsansicht angeordnet ist, wechseln. Beim iPhone 6 Plus drehen Sie Ihr Handy auf die Seite und Sie werden feststellen, dass alles in den Querformat-Modus wechselt. Eine Premiere für das iPhone, viele neue Apps nutzen jetzt die Vorteile der 1080p-Auflösung des größeren iPhone, indem sie mehr Informationen auf einmal anzeigen, ähnlich wie beim iPad und iPad Mini-Display. Kombinieren Sie Ihren Kalender mit E-Mail-Konten oder iCloud, um Ihre Termine und Aufgaben auf allen Ihren Geräten synchron zu halten und nie wieder einen Termin zu verpassen.

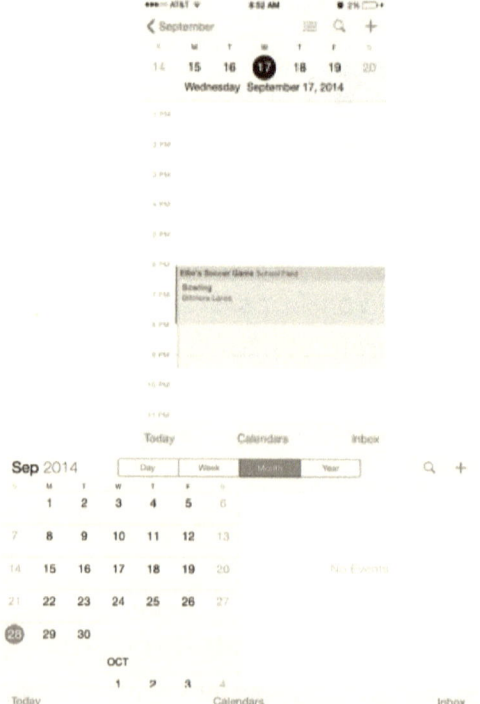

Einen Termin anlegen

Um einen Termin zu erstellen, klicken Sie auf das Kalendersymbol auf Ihrem Startbildschirm. Klicken Sie auf den Tag, für den Sie den Termin festlegen möchten, und tippen Sie dann auf das Pluszeichen (+) in der Ecke. Hier können Sie Ihre Veranstaltung benennen und bearbeiten sowie mit einer E-Mail oder einem iCloud-Konto verbinden, um die Synchronisierung zu ermöglichen.

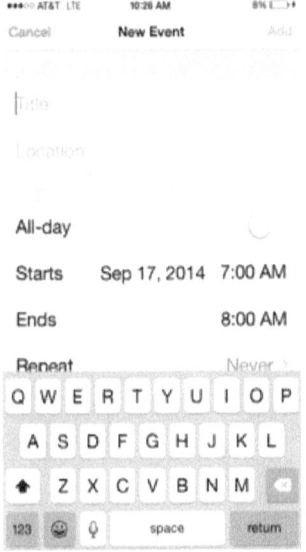

Achten Sie bei der Bearbeitung Ihrer Veranstaltung besonders auf die Dauer Ihrer Veranstaltung. Wählen Sie die Start- und Endzeit oder „Ganztägig", wenn es sich um eine ganztägige Veranstaltung handelt. Sie haben auch die Möglichkeit, es als wiederkehrendes Ereignis einzustellen, indem Sie auf Wiederholen klicken und auswählen, wie oft es wiederholt werden soll. Im Falle einer Rechnungs- oder Autozahlung können Sie beispielsweise entweder Monatlich (an diesem Tag) oder alle 30 Tage wählen, was zwei verschiedene Dinge sind. Nachdem Sie Ihre Wiederholung ausgewählt haben, können Sie auch wählen, wie lange Sie möchten, bis sich dieses Ereignis wiederholt: für nur einen Monat, ein Jahr, für immer und alles dazwischen.

WETTER

Sie können die Standortservices und das GPS Ihres iPhones verwenden, um zu Ihren Zielen zu navigieren, aber andere Anwendungen können es verwenden, um lokalisierte Informationen anzuzeigen. Die Wetter-App ist ein Beispiel dafür. Wenn Sie es öffnen, werden Ihnen sofort grundlegende Wetterinformationen angezeigt, die auf Ihrem aktuellen Standort basieren. Um detailliertere Informationen zu erhalten, können Sie nach links und rechts auf den mittleren Abschnitt streichen, um durch die stündliche Prognose zu blättern und nach oben und unten auf den unteren Abschnitt streichen, um durch die 10-tägige Prognose zu blättern.

Sie können weitere Städte hinzufügen, indem Sie auf das Listensymbol unten rechts klicken und nach dem Städtenamen suchen. Sobald Sie Städte hinzugefügt haben, können Sie zwischen den Städten scrollen, um Echtzeit-Wetterinformationen für jeden Standort anzuzeigen, indem Sie nach links oder rechts scrollen, und die Anzahl der Städte, die Sie hinzugefügt haben, wird unten in Form von kleinen Punkten angezeigt.

Maps

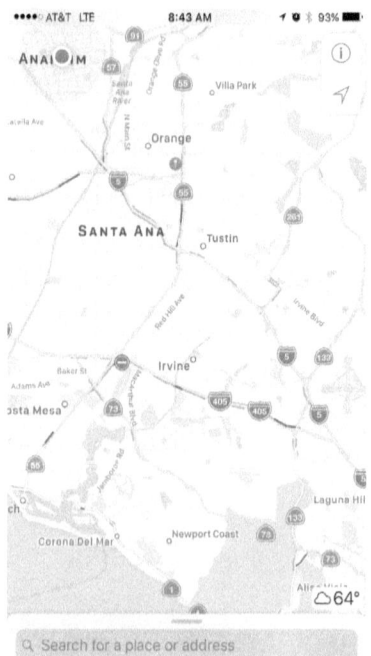

Die Maps App ist zurück und besser denn je. Nachdem sich Apple vor einigen Jahren von Google Maps getrennt hatte, beschloss Apple, ein eigenes, maßgeschneidertes Karten- und Navigationssystem zu entwickeln. Das Ergebnis ist ein schöner Reiseführer, der die Vorteile der neuesten iPhone-Auflösungen voll ausschöpft. Der Vollbildmodus ermöglicht es, jede Ecke des Telefons mit der App zu füllen und es gibt einen automatischen Nachtmodus wie bei iBooks. Sie können jederzeit nach Orten, Restaurants, Tankstellen, Konzertsälen und anderen Veranstaltungsorten in Ihrer Nähe suchen und die Turn-by-Turn-Navigation steht Ihnen zum Gehen, Radfahren, Fahren oder Pendeln zur Verfügung. Der Verkehr wird in Echtzeit aktualisiert, so dass bei einem Unfall vor Ihnen oder beim Bau eine schnellere Alternative geboten wird und Sie vor einem möglichen Stau gewarnt werden.

Die Turn-by-Turn-Navigation ist leicht verständlich, ohne abzulenken, und die 3D-Ansicht macht potenziell schwierige Szenarien (z.B. abrupt auftretende Autobahnabfahrten) viel angenehmer. Ein weiteres praktisches Merkmal ist die Möglichkeit, Autobahnen und Mautstraßen vollständig zu vermeiden.
Um die Navigation einzurichten, tippen Sie auf das Symbol Maps. Am unteren Bildschirmrand befindet sich eine Suche nach Ort oder Adresse; für Wohnungen benötigen Sie eine Adresse, aber Unternehmen benötigen nur einen Namen. Klicken

Sie darauf und geben Sie Ihr Ziel ein, sobald Sie dazu aufgefordert werden.

Wenn Sie die Adresse Ihres Ziels gefunden haben, klicken Sie auf Route und wählen Sie zwischen Wander- oder Fahrtrichtung. Für Unternehmen haben Sie auch die Möglichkeit, Bewertungen zu lesen und das Unternehmen direkt anzurufen.

Für die Freisprech-Navigation halten Sie die Home-Taste gedrückt, um Siri zu aktivieren (was im nächsten Abschnitt erläutert wird), und sagen Sie „Navigieren zu" oder „Bringe mich zu", gefolgt von der Adresse oder dem Namen des Standorts, zu dem Sie gehen möchten.

Wenn Sie Autobahnen oder Mautgebühren vermeiden möchten, tippen Sie einfach auf die Schaltfläche Mehr Optionen und wählen Sie die gewünschte Option aus.

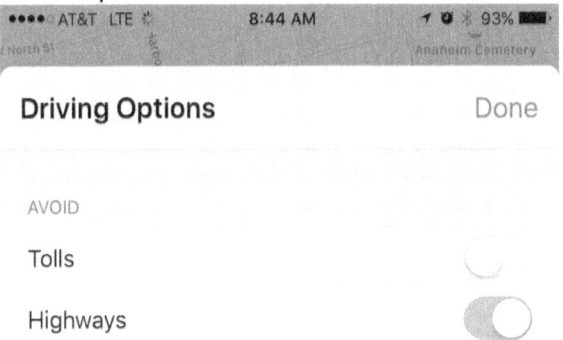

Apple Maps zeigt Ihnen auch eine 3D-Ansicht von Tausenden von Standorten. Um diese Option zu aktivieren, tippen Sie auf das "i" in der oberen rechten Ecke. Wählen Sie anschließend die Satellitenansicht aus.

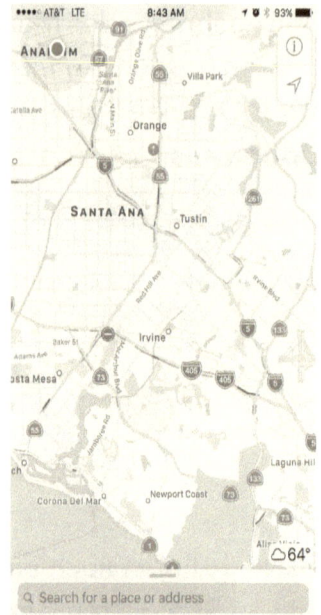

Wenn eine 3D-Ansicht verfügbar ist, werden Sie sofort eine Änderung feststellen. Sie können mit zwei Fingern Ihre Karte mehr oder weniger flach machen. Sie können auch 2D auswählen, um 3D vollständig zu entfernen.

iBooks

Jetzt, da das iPhone über größere Bildschirme verfügt (iPhone 6 und höher), können Sie wahrscheinlich mehr und mehr auf Ihrem Handy lesen, während Sie weniger auf Ihrem iPad lesen. Wenn das der Fall ist, werden Sie die neue Version von iBooks lieben. Ihre Lieblingsbücher können im Vollbildmodus gelesen werden und blättern Sie durch die Seiten, um die klassische Blätteranimation zu genießen. Sie versuchen, Ihre Bibliothek zu organisieren und den Überblick zu behalten, welche Bücher Sie noch übrig haben, um eine Buchreihe abzuschließen? Jetzt sortiert iBooks die Bücher automatisch nach Serien und hält alles ordentlich für Sie.

Die neuesten Updates ermöglichen es Ihnen, Angebote direkt auf Ihre bevorzugte Social Networking- oder Blogging-Seite hochzuladen und wenn Sie ein Wort sehen, das Ihnen nicht bekannt ist, halten Sie es einfach gedrückt, bis das betreffende Wort hervorgehoben wird und wählen Sie dann Wörterbuch. Außerdem ist das Lesen bei Nacht mit dem Nachtthema einfacher geworden. Dimmen oder schließen Sie die Lichter während des Lesens und iBooks wechseln automatisch in den Nachtmodus, um die Anzeige zu erleichtern. Schalten Sie die Lichter wieder ein und das Motiv wechselt wieder in den normalen Lesemodus.

HEALTH

Die Veröffentlichung der neuesten iPhone-Modelle brachte einen viel stärkeren Fokus auf die eigene Gesundheit mit sich und so kommen die neuen iPhones mit der Health App. Die Health App verfolgt viele verschiedene Dinge im Zusammenhang mit Ihrer Gesundheit, darunter Kalorienverbrauch, Ihr Gewicht, Ihre Herzfrequenz, Körpermaße und sogar eine Notfallkarte, mit der Sie wichtige Gesundheitsinformationen wie Ihre Blutgruppe und Allergien im Notfall speichern können. Es gibt vier verschiedene Tabs am unteren Rand der App:

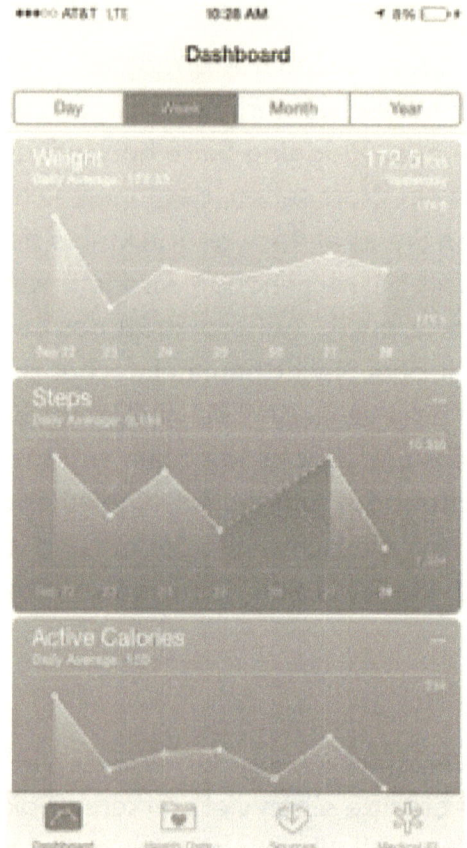

Dashboard

Hier können Sie auf einen Blick Ihre Vitalfunktionen wie Kalorienverbrauch, Gewicht und Herzfrequenz sehen. Sie können zwischen den Informationen eines Tages, einer Woche, einem Monat und sogar einem Jahr wählen, wenn Sie sehen möchten, wie sich Ihre Gesundheit heute im Vergleich zum Vorjahr entwickelt.

Gesundheitsdaten

Diese Seite ist der Hauptknotenpunkt, an dem Sie alle Ihre Informationen finden und speichern können. Es ist in einige allgemeine Kategorien wie Körpermaße, Fitness, Ernährung, Schlaf und Vitalfunktionen unterteilt, kann aber auch kleinste Details wie Blutzuckerspiegel, Glukosewerte, Schlafmuster, aktuelle Medikamente und mehr beinhalten.

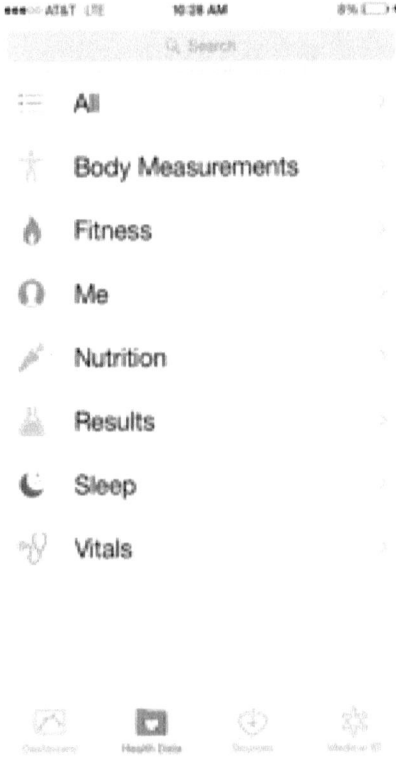

Datenquellen
Datenquellen waren beim Start nicht verfügbar, aber es wurde schließlich mit großem Erfolg veröffentlicht. In diesem Abschnitt können Sie steuern,

wer oder was auf Ihre Gesundheitsinformationen zugreifen darf, sowie wer Ihnen Informationen über Ihre Gesundheit schicken darf.

Es ist dazu gedacht, sich mit Anwendungen oder Ärzten von Drittanbietern zu verbinden, um ihnen genaue Informationen über Sie zu schicken, und eine schnelle Momentaufnahme davon, wie Ihre Tage aussehen, auch wenn Sie den Arzt nicht besuchen. Dies könnte für Sie besonders vorteilhaft sein, wenn Sie einen Gesundheitszustand haben, der eine häufigere Überwachung erfordert, wie z.B. Diabetes.

Medical ID

Hier ist der virtuelle Notfallpass, die wir bereits erwähnt haben. Hier können Sie alle wichtigen Informationen über sich speichern, falls ein Arzt sie im Notfall benötigt. Geben Sie in Ihre Blutgruppe, Allergien (medizinisch oder anderweitig), chronische Gesundheitszustände, Krankheiten, Medikamente, Notfallkontakt und alles andere, was Sie sich vorstellen können, ein, so dass der Behandelte auf die Informationen der Wiederholung zugreifen kann, ohne Zeit zu verschwenden.

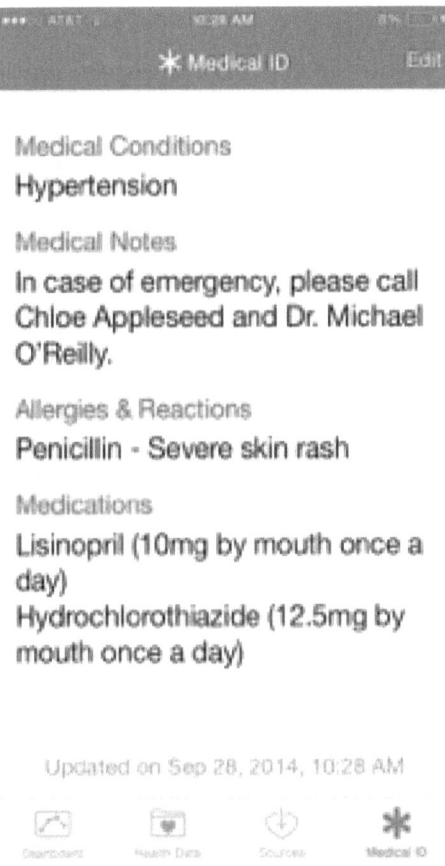

MEINE FREUNDE SUCHEN

Meine Freunde suchen ist eine Social People Such-App, die auch als Widget in Ihrem Benachrichtigungscenter ausgeführt werden kann. Die App zeigt eine Karte, die genau anzeigt, wo sich Ihre Freunde befinden und wie weit sie von Ihnen entfernt sind. Sie müssen Freunde über die Funktion Hinzufügen in der oberen rechten Ecke hinzufügen und Ihre Freunde müssen den Service genehmigen. Sie können sogar Benachrichtigungen einrichten, die Sie benachrichtigen, wenn ein Freund geht oder an einem bestimmten Ort ankommt, indem Sie auf das Symbol eines Freundes in der App tippen und dann auf Benachrichtigen Sie mich.

MEIN IPHONE SUCHEN

Mein iPhone suchen ist eine nützliche App, mit der Sie den Standort aller Ihrer Apple-Geräte auf einer Karte anzeigen können. Sie können Sounds auf Geräten aus der Ferne abspielen (um sie z.b. unter einem Wäschestapel zu finden), Nachrichten an sie senden und sie im Falle eines Diebstahls aus der Ferne löschen. Natürlich wird Ihnen die App, die auf Ihrem iPhone installiert ist, nicht helfen, Ihr iPhone zu finden, aber wenn Ihr Handy verloren geht und Sie keine anderen Apple-Geräte haben, melden Sie sich einfach bei icloud.com an, um zu sehen, wo Ihr Gerät ist.

HOME

Wir haben vielleicht die beste App für den Schluss mit der neuesten App zum Start in iOS 12 gelassen - Home. Die Home App integriert Home-Kit mit iOS, um Ihnen zu helfen, alle Ihre Haushaltsgeräte und Utilities wie Lampen, Thermostate, Kühlschränke und mehr besser zu integrieren. HomeKit verwendet Siri, um alle Ihre intelligenten Heimgeräte zu steuern, was ein ziemlich praktisches Werkzeug ist und die Home-Schnittstelle ermöglicht ein viel sauberes und unkompliziertes Erlebnis. Um Ihr Smart Home Gerät zu Home hinzuzufügen, stellen Sie sich einfach daneben, wenn es eingeschaltet und Ihre Home App aktiviert ist. Sie können auch Ihr Apple TV der vierten Generation verwenden, um HomeKit-fähige Smart Home Geräte zu steuern. HomePod ist etwas anderes, das hier untergebracht ist.

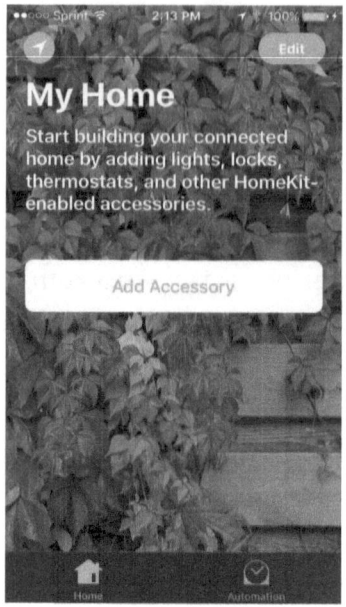

ARKIT

Beim iPhone dreht sich alles um Augmented Reality; sie sehen dies als die Zukunft. Viele neue Apps haben AR-Unterstützung.

Neuer Feature-Alarm: ARKit für iOS 12 stellte ein neues Messwerkzeug vor.

Um das neue Messwerkzeug zu verwenden, öffnen Sie die Measure App. Richten Sie Ihre Kamera auf eine Rechteckoption und beobachten Sie, wie sich automatisch eine Box darüber bildet.

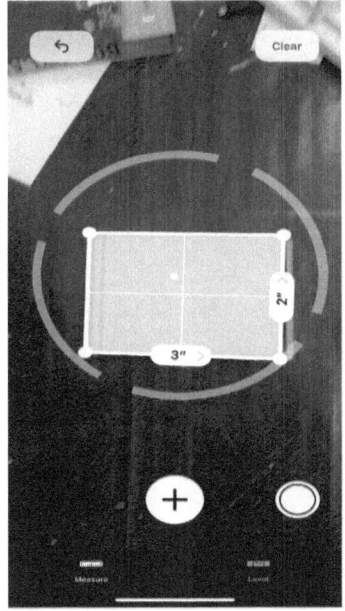

Die App sagt Ihnen, wie lang etwas ist und erlaubt es Ihnen auch, Punkte hinzuzufügen, so dass Sie es auch messen können.

[5]
MACHEN SIE ES SICH ZU EIGEN

Dieses Kapitel wird folgendes abdecken:
- Screen Time
- Nicht stören Modus
- Benachrichtigungen und Widgets
- Allgemeine Einstellungen
- Töne
- Anpassen von Helligkeit und Hintergrundbild
- Hinzufügen von Facebook-, Twitter- und Flickr-Konten
- Familienfreigabe
- Kontinuität und Übergabe

Jetzt, da Sie sich auskennen, ist es an der Zeit, sich in die Einstellungen zu vertiefen und dieses Telefon ganz nach Ihren Wünschen zu gestalten!

Für die meisten Teile dieses Kapitels werde ich im Bereich Einstellungen abhängen, also wenn Sie nicht bereits dort sind, tippen Sie auf Einstellungen von Ihrem Startbildschirm aus.

SCREEN TIME

Neuer Feature-Alarm: Mit Screen Time können Sie sehen, wie viel Zeit Sie auf Ihrem Handy verbringen und was Sie tun. Sie werden vielleicht überrascht sein - Sie Wollen vielleicht nicht einmal etwas über diese Funktion wissen! Sie können es auch verwenden, um die Zeit zu überwachen, die Ihre Kinder auf ihren Geräten verbringen.

Um Screen Time zu verwenden, gehen Sie zu Einstellungen > Screen Time.

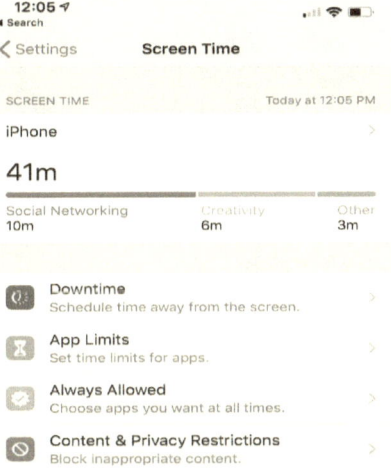

Gemäß dem obigen Bild war ich 41 Minuten auf meinem Handy; das ist nicht so schlimm... aber ich hatte mein Handy nur für 42 Minuten eingeschaltet!

Sie können auf jede App klicken, um zu sehen, wie viel Zeit Sie in ihr verbracht haben und sogar, was Ihr Durchschnitt ist. Von hier aus können Sie auch Limits hinzufügen.

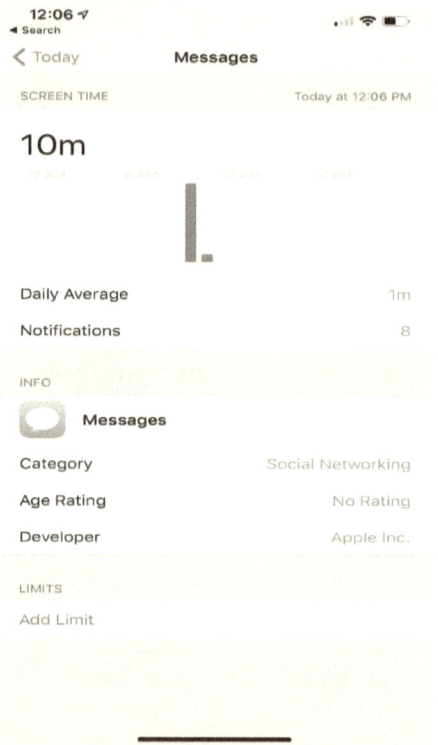

NICHT STÖREN MODUS

Der Nicht stören Modus ist eine praktische Funktion, die sich oben in Ihrer Einstellungsapp befindet. Wenn dieser Modus aktiviert ist, erhalten Sie keine Benachrichtigungen und alle Ihre Anrufe werden stumm geschaltet. Dies ist ein nützlicher Trick für die Zeiten, in denen Sie es Ihnen nicht leisten können, abgelenkt zu sein (und seien wir ehrlich, Ihr iPhone ist so kommunikativ wie es kommt und manchmal brauchen Sie etwas Ruhe und Frieden!). Die Wecker ertönen weiterhin.

Um die Funktion Nicht stören einzuschalten, zu planen und anzupassen, tippen Sie einfach auf Nicht stören in den Einstellungen. Sie können automatische Zeiten planen, um diese Funktion zu aktivieren, wie z.b. Ihre Arbeitszeiten. Sie können auch bestimmte Anrufer angeben, die zugelassen werden sollen, wenn Ihr Telefon auf Nicht stören eingestellt ist. Auf diese Weise kann Ihre Mutter immer noch durchkommen, aber Sie müssen nicht jede eingehende E-Mail hören. Verwenden Sie dazu den Befehl Anruf zulassen von in den Nicht stören Einstellungen.

Nicht stören ist auch über das Control Center zugänglich (von unten nach oben streichen, um jederzeit darauf zugreifen zu können).

Benachrichtigungen und Widgets

Benachrichtigungen sind eine der nützlichsten Funktionen auf dem iPhone, aber es besteht die Möglichkeit, dass Sie nicht über jedes einzelne Ereignis informiert werden müssen, das in Ihrem Benachrichtigungscenter als Standard eingestellt ist. Um die Einstellungen für Benachrichtigungen anzupassen, gehen Sie zu Einstellungen > Benachrichtigungen.

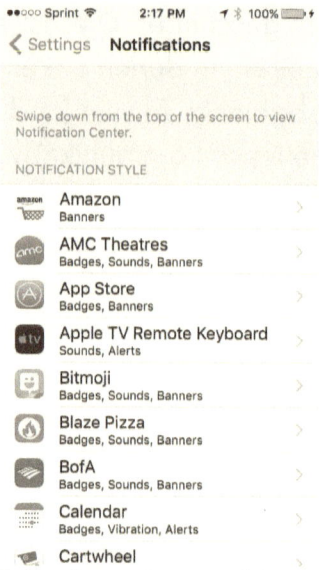

Wenn Sie auf die App tippen, können Sie Benachrichtigungen aus- oder einschalten und die Art der Benachrichtigung für jede App festlegen. Es ist eine gute Idee, diese Liste auf die Apps zu reduzieren, von denen Sie wirklich benachrichtigt werden möchten - zum Beispiel, wenn Sie kein Investor sind, schalten Sie Aktien aus! Die Reduzierung der Anzahl der Sounds, die Ihr iPhone macht, kann auch die telefonbedingte Erschöpfung reduzieren. In Mail wollen Sie vielleicht, dass Ihr Handy einen Ton abgibt, wenn Sie E-Mails von jemandem auf Ihrer VIP-Liste erhalten, aber nur Badges für andere, weniger wichtige E-Mails anzeigen.

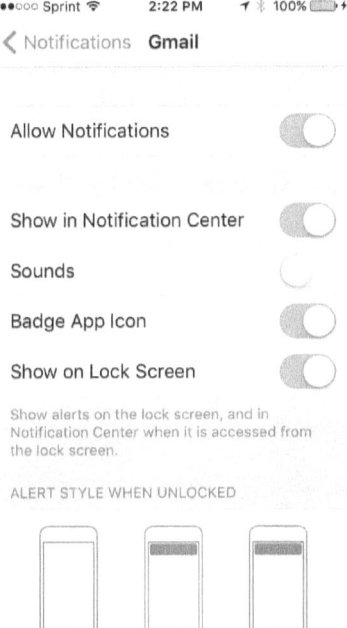

ALLGEMEINE EINSTELLUNGEN

Der Menüpunkt Allgemein ist ein wenig wie ein Sammelpunkt. Hier finden Sie Informationen über Ihr iPhone, einschließlich der aktuellen Version von iOS und aller verfügbaren Software-Updates. Glücklicherweise läutet iOS 12 eine Ära kleinerer, effizienterer Updates ein, so dass Sie sich nicht darum kümmern müssen, Apps zu löschen, um Platz für die neuesten Verbesserungen zu schaffen. Sie können hier auch Ihren Telefon- und iCloud-Speicher überprüfen.

Hier befinden sich auch die Möglichkeiten der Barrierefreiheit. Sie können Ihr iPhone mit Zoom, Voiceover, großem Text, Farbanpassung und mehr an Ihre Bedürfnisse anpassen. Es gibt eine ganze Reihe von barrierefreien Optionen, die iOS 12 für jeden einfach zu bedienen machen, darunter die Graustufenansicht und verbesserte Zoomoptionen.

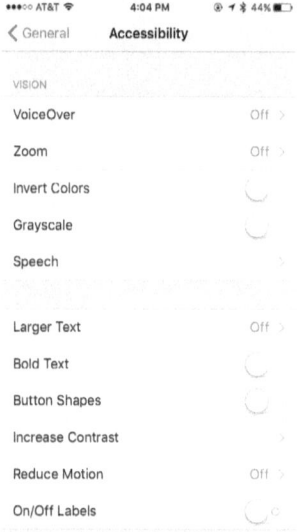

Eine praktische, etwas getarnte Option zur Barrierefreiheit ist die Einstellung Assistive Touch. Dadurch erhalten Sie ein Menü, das Ihnen den Zugriff auf Funktionen auf Geräteebene erleichtert. Wenn Sie es aktivieren, wird ein schwebendes Menü angezeigt, das Benutzern helfen soll, die Schwierigkeiten mit Bildschirmgesten wie dem Durchziehen oder der Manipulation der physischen Tasten des iPhone haben. Ein weiteres Feature für Menschen mit visuellen Bedürfnissen ist die Lupe. Wenn Sie diese Option einschalten, kann Ihre Kamera die Dinge vergrößern, und Sie können auch auf die Schaltfläche Home klicken und alles vergrößern, was Sie gerade sehen.

Wir empfehlen, sich etwas Zeit zu nehmen und durch den Bereich Allgemein zu tippen, nur damit Sie wissen, wo alles ist!

TÖNE

Hassen Sie diese Vibration, wenn Ihr Telefon klingelt? Möchten Sie Ihren Klingelton ändern? Gehen Sie zum Menü Toneinstellungen! Hier können Sie die Vibration ein- und ausschalten und einer Reihe von iPhone-Funktionen Klingeltöne zuweisen.

Wir empfehlen, einen isolierten Platz zu finden, bevor Sie anfangen, all die verschiedenen Toneinstellungen auszuprobieren - es macht Spaß, aber möglicherweise ein großes Ärgernis für diejenigen, die Pech haben, nicht mit ihrem eigenen neuen iPhone zu spielen!

Tipp: Sie können Ihren Kontakten individuelle Klingeltöne und Benachrichtigungen zuweisen. Gehen Sie einfach zum Kontaktbildschirm der Person in den Kontakten, tippen Sie auf Bearbeiten und dann auf Klingelton zuordnen.

Anpassen von Helligkeit und Hintergrundbild

Auf dem iPhone bezieht sich das Hintergrundbild auf das Hintergrundbild auf Ihrem Startbildschirm und auf das Bild, das angezeigt wird, wenn Ihr iPhone gesperrt ist (Sperrbildschirm). Sie können beide Bilder mit zwei Methoden ändern.

Die erste Methode finden Sie unter Einstellungen > Hintergrundbilder. Hier sehen Sie eine Vorschau Ihres aktuellen Hintergrundbildes und des

Sperrbildschirms. Tippen Sie auf Neues Hintergrundbild auswählen. Von dort aus können Sie ein vorinstalliertes dynamisches (bewegtes) oder Standbild oder eines Ihrer eigenen Fotos auswählen. Sobald Sie ein Bild ausgewählt haben, sehen Sie eine Vorschau des Bildes als Sperrbildschirm. Hier können Sie den Perspektivischen Zoom deaktivieren, wodurch sich das Bild beim Neigen des Telefons zu verschieben scheint). Tippen Sie zum Fortfahren auf Setzen. Wählen Sie dann, ob das Bild als Sperrbildschirm, Startbildschirm oder beides eingestellt werden soll.

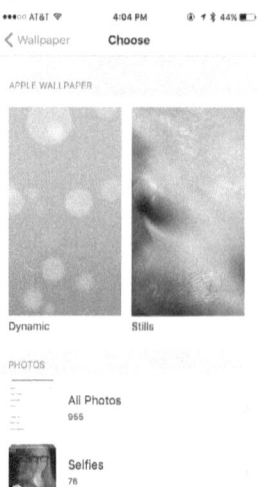

Der andere Weg, die Änderung vorzunehmen, ist über Ihre Foto-App. Suchen Sie das Foto, das Sie als Hintergrundbild einrichten möchten, und tippen Sie auf die Schaltfläche Teilen. Sie haben die Möglichkeit, ein Bild als Hintergrund, einen Sperrbildschirm oder beides einzustellen.

Wenn Sie Bilder aus dem Web verwenden möchten, ist es ziemlich einfach. Halten Sie das Bild einfach gedrückt, bis die Meldung Bild speichern / Kopieren / Abbrechen erscheint. Wenn Sie das Bild speichern, wird es in Ihren zuletzt hinzugefügten Fotos in der Foto-App gespeichert.

DATENSCHUTZ

Die Überschrift Datenschutz in den Einstellungen informiert Sie darüber, was Apps mit Ihren Daten machen. Jede App, die Sie zur Nutzung von Ortungsdiensten zugelassen haben, wird unter Ortungsdienste angezeigt (und Sie können Ortungsdienste für einzelne Apps oder auch für Ihr gesamtes Gerät hier ein- und ausschalten). Sie können auch Ihre Apps durchgehen, um zu überprüfen, welche Informationen jeder einzelne empfängt und sendet.

E-MAIL, KONTAKTE, KALENDEREINSTELLUNGEN

Wenn Sie zusätzliche Mail-, Kontakt- oder Kalenderkonten hinzufügen möchten, tippen Sie dazu auf Einstellungen > Mail, Kontakte und Kalender. Es ist mehr oder weniger derselbe Prozess wie das Hinzufügen eines neuen Kontos in der App. Sie können hier auch andere Einstellungen vornehmen, einschließlich Ihrer E-Mail-Signatur für jedes verknüpfte Konto. Dies ist auch ein guter Ort, um zu überprüfen, welche Aspekte jedes Kontos verknüpft sind - zum Beispiel können Sie Ihre Aufgaben, Kalender und E-Mails von Exchange verlinken, aber nicht Ihre Kontakte. Das alles können Sie hier verwalten.

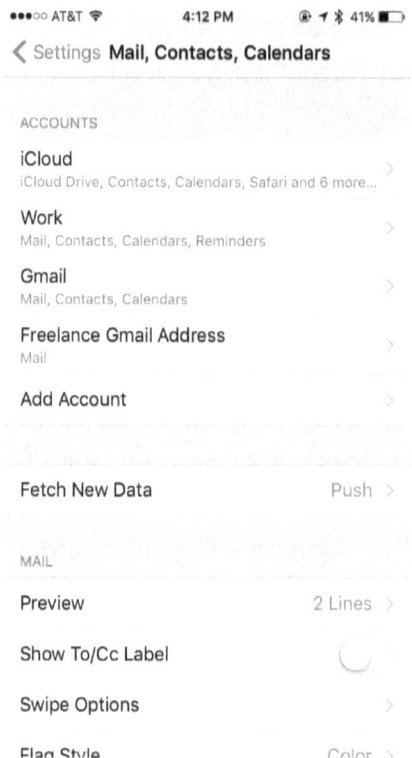

Es gibt eine Reihe weiterer nützlicher Einstellungen, darunter die Häufigkeit, mit der Ihre Konten nach E-Mails suchen sollen (Push, die Voreinstellung, die bei der Akkulaufzeit am schwierigsten ist). Sie können auch Funktionen wie Fragen vor dem Löschen aktivieren und den Wochentag einstellen, an dem Ihr Kalender beginnen soll.

HINZUFÜGEN VON FACEBOOK UND TWITTER

Wenn Sie Twitter, Facebook oder Flickr verwenden, werden Sie diese wahrscheinlich in Ihr iPhone integrieren wollen. Das ist ein Kinderspiel. Tippen Sie einfach auf Einstellungen und suchen Sie im Hauptmenü nach Twitter, Facebook und Flickr (Sie können auch Vimeo- und Weibo-Konten integrieren, wenn Sie diese haben). Tippen Sie auf die Plattform, die Sie integrieren möchten. Von dort aus geben Sie Ihren Benutzernamen und Ihr Passwort ein. Auf diese Weise können Sie Webseiten, Fotos, Notizen, App Store-Seiten, Musik und mehr direkt aus den nativen Apps Ihres iPhone freigeben.

Das iPhone wird sich fragen, ob Sie die kostenlosen Apps für Facebook, Twitter und Flickr herunterladen möchten, wenn Sie Ihre Konten konfigurieren, wenn Sie dies noch nicht getan haben. Wir empfehlen dies zu tun - die Apps sind einfach zu bedienen, kostenlos und sehen gut aus.

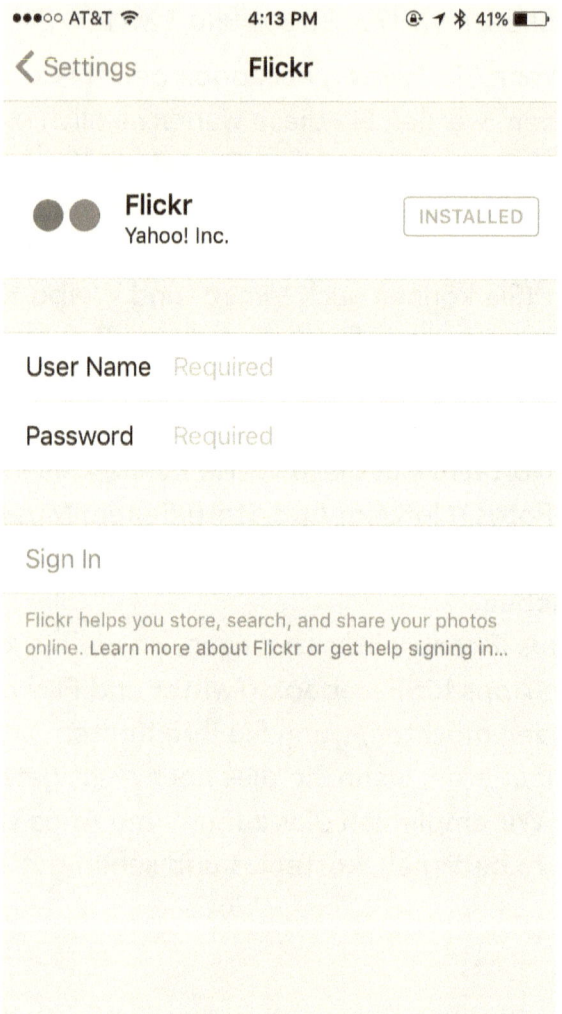

Wir haben festgestellt, dass, als wir unsere Facebook-Konten verknüpften, unsere Kontaktliste extrem aufgebläht wurde. Wenn Sie Ihre Facebook-Freunde nicht in Ihre Kontaktliste aufnehmen möchten, passen Sie die Liste der Anwendungen an, die unter Einstellungen > Facebook auf Ihre Kontakte zugreifen können.

FAMILIENFREIGABE

Familienfreigabe ist eine unserer beliebtesten iOS 12-Funktionen. Familienfreigabe ermöglicht es Ihnen, App Store und iTunes-Käufe mit Familienmitgliedern zu teilen (bisher war dafür ein komplizierter und nicht vollständig konformer Vorgang erforderlich). Wenn Sie die Familienfreigabe aktivieren, wird auch ein gemeinsamer Familienkalender, ein Fotoalbum und eine Erinnerungsliste erstellt. Familienmitglieder können sich auch in der kostenlosen App Meine Freunde suchen von Apple den Standort des anderen anzeigen lassen und in der kostenlosen App Mein Iphone suchen den Standort der Geräte des anderen überprüfen. Insgesamt ist die Familienfreigabe eine großartige Möglichkeit, alle unterhaltet und synchron zu halten! Sie können bis zu sechs Personen in die Familienfreigabe einbeziehen.

Um Familienfreigabe zu aktivieren, gehen Sie zu Einstellungen > iCloud. Tippen Sie hier auf Familienfreigabe einrichten, um zu beginnen. Die Person, die Familienfreigabe für eine Familie initiiert, wird als Familienorganisator bezeichnet. Es ist eine wichtige Rolle, da jeder Kauf von Familienmitgliedern mit der Kreditkarte des Familienorganisators getätigt wird! Sobald Sie Ihre Familie eingerichtet haben, können sie auch Ihre früheren Einkäufe herunterladen, einschließlich Musik, Filme, Bücher und Apps.

Laden Sie Ihre Familienmitglieder zur Familienfreigabe ein, indem Sie ihre Apple IDs eingeben. Als Elternteil können Sie mit Zustimmung der Eltern Apple IDs für Ihre Kinder erstellen. Wenn Sie eine neue untergeordnete Apple ID erstellen, wird sie automatisch der Familienfreigabe hinzugefügt.

Es gibt zwei Arten von Konten in der Familienfreigabe - Erwachsene und Kinder. Wie Sie erwarten würden, haben Kinderkonten mehr potenzielle Einschränkungen als Erwachsenenkonten. Von besonderem Interesse ist die Option Kaufanfrage.

Dies verhindert, dass jüngere Familienmitglieder die Kreditkartenrechnung des Familienorganisators in die Höhe treiben, indem sie eine elterliche Genehmigung für Einkäufe benötigen. Der Familienorganisator kann auch andere Erwachsene in der Familie als fähig bezeichnen, Einkäufe auf Kindergeräten zu genehmigen.

Wenn Sie die iOS-Geräte Ihrer Kinder weiter sperren möchten, lesen Sie bitte 5.2 für Informationen zur Einrichtung zusätzlicher Einschränkungen!

Integration und Handoff

iOS 12 enthält einige unglaubliche Funktionen für diejenigen von uns, die auf mehreren iOS 12 und Sierra und Yosemite OSX-Geräten arbeiten. Wenn auf Ihrem Computer Yosemite oder höher läuft oder Ihr iOS 12 iPad mit dem gleichen Wi-Fi-Netzwerk verbunden ist wie Ihr iOS 12 iPhone, können Sie Anrufe annehmen oder Textnachrichten (sowohl iMessages als auch normale SMS-

Nachrichten) von Ihrem iPad oder Computer senden.

Die Handoff-Funktion ist in Apps wie Numbers, Safari, Mail und vielen mehr enthalten. Mit dem Handoff können Sie eine App in einem Gerät in der Mitte der Aktion belassen und genau dort weitermachen, wo Sie auf einem anderen Gerät aufgehört haben. Es macht das Leben für diejenigen von uns, die einen Multi-Gadget-Lebensstil führen, viel einfacher.

[6]
LICHT, KAMERA, AKTION

Dieses Kapitel wird folgendes abdecken:
- Foto- und Videoaufnahmen
- Bearbeiten von Fotos
- Teilen von Fotos und Videos

AUFNAHME VON FOTOS UND VIDEOS

Jetzt, da Sie wissen, wie man einen Anruf macht, kommen wir auf das lustige Zeug zurück! Ich werde mir als nächstes die Verwendung der Foto-App ansehen.

Die Kamera-App befindet sich auf Ihrem „Home"-Bildschirm, aber Sie können auch von Ihrem „Sperr"-Bildschirm aus darauf zugreifen, um einen schnellen und einfachen Zugriff zu ermöglichen. Die Kamera-App ist ziemlich einfach zu bedienen. Zuerst sollten Sie wissen, dass die Kamera-App zwei Kameras hat, eine auf der Vorderseite und eine auf der Rückseite.

Die Frontkamera hat eine niedrigere Auflösung und wird hauptsächlich für Selbstporträts verwendet; sie macht immer noch ausgezeichnete Fotos, aber denken Sie einfach daran, dass die Rückkamera besser ist. Um darauf zuzugreifen, tippen Sie auf die Schaltfläche in der rechten oberen Ecke (die mit der Kamera und zwei Pfeilen). Die Leiste auf der Unterseite zeigt alle Ihre Kameramodi an. So können Sie vom Foto- in den Videomodus wechseln.

In der oberen linken Ecke des Bildschirms sehen Sie eine Aufhellungs-Taste. Das ist Ihr Blitz. Tippen Sie auf diese Taste, um zwischen verschiedenen Blitzmodi zu wechseln.

Wenn Sie Fotos in höherer Auflösung aufnehmen möchten (Hinweis: Alle Videos sind bereits HD), dann sollten Sie „HDR" einschalten.

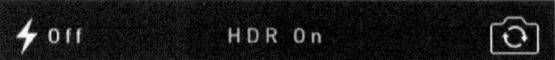

Die letzten drei Tasten werden Sie nicht ganz so oft benutzen. Der erste, der Kreis, ist für Live-Fotos; Live-Fotos machen ein kurzes Video, während Sie das Foto aufnehmen; es ist so schnell, dass Sie nicht einmal wissen, dass es das war; es ist automatisch eingeschaltet, also tippen Sie einmal darauf, um es auszuschalten; wenn Sie ein Foto mit aktiviertem Live-Foto tippen und halten, dann sehen Sie das Video. Außerdem gibt es einen Timer, der, wie Sie vielleicht erwarten, die Aufnahme verzögert, damit Sie ein Gruppenfoto machen können. Und schließlich können Sie mit dem letzten Knopf dem Foto verschiedene Farben hinzufügen.

Einer der Fotomodi heißt „Pano" oder Panorama. Panorama ist die Möglichkeit, ein extra langes Foto mit einer Größe von über 20 Megapixeln aufzunehmen. Um es zu verwenden, tippen Sie auf die Schaltfläche „Panorama". Auf dem Bildschirm erscheinen nun Anweisungen. Drücken Sie einfach die Taste „Aufnehmen" am unteren Bildschirmrand und drehen Sie die Kamera so gerade wie möglich, während Sie der Linie folgen. Wenn es das Ende erreicht hat, wird das Foto automatisch in Ihr Album aufgenommen.

Der Modus, von dem Sie wahrscheinlich am meisten gehört haben, ist der Hochformat-Modus. Der Portraitmodus verleiht Ihren Fotos den unscharfen Effekt, den Sie bei High-End-DSLR-Kameras sehen.

Ob ein Benutzer ein Selfie-Liebhaber oder ein Fotoporträt-Süchtiger ist, das sind zwei Funktionen, die alle Benutzer schätzen werden.

Zum Aufrufen und Verwenden des Portraitmodus und des Portraitlichtmodus in X oder 8+:
1. Rufen Sie die Kamera-App auf.
2. Streichen Sie nach links oder rechts, um zur Einstellung Portrait zu wechseln.
3. Richten Sie die Aufnahme innerhalb von 2-8 Fuß um das Motiv herum aus. Die Gesichts- und Körpererkennung der Kamera identifiziert das Motiv automatisch und gibt Anweisungen, sich weiter zu bewegen oder sich dem Motiv zu nähern.
4. Achten Sie auf die Eingabeaufforderungen der Kamera-App: Wenn mehr Licht benötigt wird, kann ein Blitz helfen, das

Motiv innerhalb von 8 Fuß platzieren oder sich weiter entfernen.
5. Wenn die Aufnahme fertig ist, erscheint unten ein Banner.
6. Streichen oder tippen Sie auf die Würfelsymbole über dem Auslöser, um die Lichteffekte zu ändern.
7. Drücken Sie den Auslöser, um das Foto aufzunehmen.

Hinweis: Benutzer können mit dem Teleobjektiv im Hochformat fotografieren, auch wenn die Banner nicht gelb werden - es bedeutet nur eine geringere Tiefe oder einen geringeren Lichteffekt.

Es gibt mehrere verschiedene Portraitmodi (z.B. Studiobeleuchtung), aber Sie können den Modus wechseln, nachdem Sie das Foto aufgenommen haben; wenn Sie es also mit Studio Lighting aufnehmen, aber entscheiden, dass ein anderer Modus besser aussehen würde, dann können Sie ihn ändern.

Neuer Feature-Alarm: Die neuesten iPhones können nun die Tiefe der Unschärfe nach der Aufnahme einstellen. Um dies zu tun, wählen Sie einfach Bearbeiten, nachdem das Foto aufgenommen wurde. Dies funktioniert nur bei Fotos, die im Potraitmodus aufgenommen wurden.

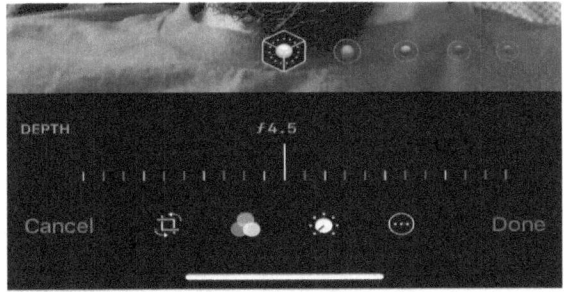

BILDBEARBEITUNG

Die Bearbeitung Ihrer Fotos ist genauso einfach wie die Aufnahme. So einfach die Bearbeitungstools sind, sie sind auch recht leistungsfähig. Wenn Sie jedoch mehr Leistung wünschen, können Sie jederzeit eine der Hunderte von Fotobearbeitungsapps im App Store herunterladen.

Um ein Foto zu bearbeiten, tippen Sie auf das Symbol „Foto" auf dem „Home" Bildschirm.

Wenn Sie „Fotos" starten, sehen Sie eine Tab mit drei Schaltflächen; im Moment spreche ich über die Schaltfläche „Fotos", aber wir werden im nächsten Kapitel über „Fotostream" sprechen. Tippen Sie auf Alben und lassen Sie uns bearbeiten!

Tippen Sie anschließend auf das Foto, das Sie bearbeiten möchten, und dann auf „Bearbeiten" in der oberen rechten Ecke. Dadurch wird das Bearbeitungsmenü geöffnet. Am unteren Rand des Bildschirms sehen Sie alle Optionen: Rückgängig machen, automatische Korrektur (die die Farbe des Fotos korrigiert), Farbänderung, Entfernung roter Augen und schließlich Zuschneiden.

Das einzige hinzugefügte Feature ist das mittlere, mit dem Sie die Farbsättigung ändern können.

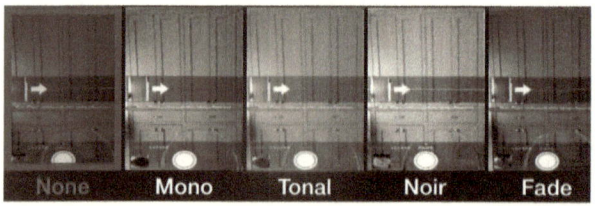

Wenn Sie mit den Änderungen zufrieden sind, tippen Sie auf Speichern in der oberen rechten Ecke.

Denken Sie daran, wann immer Sie zum vorherigen Bildschirm gelangen möchten, tippen Sie einfach auf die Schaltfläche Zurück in der oberen linken Ecke.

BEARBEITEN VON LIVE-FOTOS

Apple führte Live-Fotos im Jahr 2015 ein, als das iPhone 6s auf den Markt kam. Diese Funktion verbessert die Fotografie des Smartphones, indem sie Bilder verwendet, die sich bewegen, wenn Sie einen 3D-Touch darauf ausführen. iOS 12 macht Live-Fotos besser denn je. Möchten Sie wissen, wie man ein Live-Foto macht? Schauen wir es uns mal an.

Live Photos zeichnet das Geschehen 1,5 Sekunden vor und nach der Aufnahme auf. Das bedeutet, dass Sie nicht nur ein Foto bekommen, sondern auch Bewegung und Ton.

Öffnen Sie die Kamera-Applikation

Stellen Sie Ihre Kamera auf den Fotomodus ein und schalten Sie Live-Fotos ein.

Halten Sie das Telefon sehr ruhig.

Tippen Sie auf 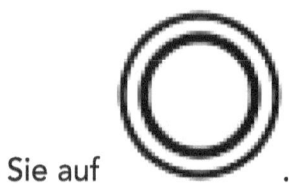 .

Mit Ihrem iPhone 8 und höher ist Live Photos natürlich standardmäßig eingeschaltet. Wenn Sie ein Standbild aufnehmen möchten, tippen Sie auf

und Sie können Live-Fotos deaktivieren. Wenn Sie möchten, dass Live-Fotos immer ausgeschaltet bleiben, gehen Sie zu Einstellungen > Kamera > Einstellungen beibehalten.

FOTOALBEN UND FOTO-SHARING

Jetzt, da Ihr Foto aufgenommen und bearbeitet wurde, sehen wir uns an, wie Sie Fotos teilen können.

Es gibt mehrere Möglichkeiten, Fotos zu teilen. Wenn Sie ein Foto öffnen, sehen Sie unten eine Optionsleiste. Die ältere Version hatte mehr Optionen - diese Optionen wurden nun an eine zentrale Stelle verschoben, die Sie als nächstes sehen werden.

Mit der ersten Schaltfläche können Sie das Foto sozial und auf Mediengeräten teilen...

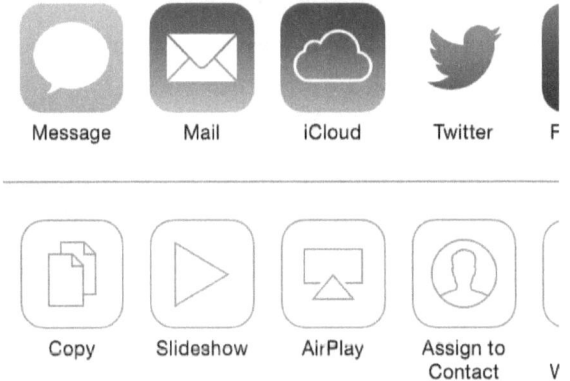

Die oberste Reihe ist mehr der sozialen Optionen, die untere Reihe ist mehr der Medienoptionen. AirPlay zum Beispiel ermöglicht es Ihnen, die Fotos drahtlos zu senden, wenn Sie ein Apple TV haben.

Schließlich können Sie mit der letzten Schaltfläche das Foto löschen, machen Sie sich keine Sorgen um das versehentliche Löschen eines Fotos, denn sie fordert Sie auf zu bestätigen, ob Sie das Foto löschen möchten, bevor Sie es löschen.

Als nächstes gehen wir zum mittleren Tab. „Fotostream" ist so etwas wie „Flickr"; es ermöglicht es Ihnen, Ihre Fotos ganz einfach mit Ihrer Familie und Ihren Freunden zu teilen. Um „Fotostream" zu erhalten, tippen Sie auf die Schaltfläche „Geteilt" unten in der Foto-App.

In der linken oberen Ecke befindet sich ein „+"-Zeichen; tippen Sie darauf.

+ **Shared Streams** Edit

Dadurch wird ein Menü angezeigt, mit dem Sie ein freigegebenes Verzeichnis erstellen können. Von dort aus können Sie den Namen wählen, wer ihn sieht und ob es sich um einen öffentlichen oder privaten Fotostream handelt. Um eine Person in Ihren Kontakten auszuwählen, tippen Sie auf das blaue Zeichen „+".

Choose a contact to invite to this stream

Groups **All Contacts** Cancel

Q Search

Sobald das Album erstellt ist, tippen Sie auf das Pluszeichen und auf jedes Foto, das Sie hinzufügen möchten und dann auf Fertig.

Sobald Ihre Familie oder Ihr Freund Ihre Stream-Einladung annimmt, beginnen Sie automatisch mit der Synchronisierung Ihrer Fotos. Jedes Mal, wenn Sie ein Foto zu Ihrem Album hinzufügen, erhalten sie eine Benachrichtigung.

Das neue iOS gruppiert Ihre Fotos nun auch als Erinnerungen, indem es sich ansieht, wo das Foto aufgenommen wurde und wann es aufgenommen wurde. So werden Sie Gruppen wie „Weihnachtserinnerungen" bemerken.

Jetzt, da Sie sich auskennen, ist es an der Zeit, sich in die Einstellungen zu vertiefen und dieses Telefon ganz nach Ihren Wünschen zu gestalten!

Für die meisten Teile dieses Kapitels werde ich im Bereich Einstellungen abhängen, also wenn Sie nicht bereits dort sind, tippen Sie auf Einstellungen von Ihrem Startbildschirm aus.

[7]
ANIMOJI

> Dieses Kapitel wird folgendes abdecken:
> - Dieses Kapitel behandelt:
> - Was ist Animoji?
> - Wie man Animoji verwendet

WIE MAN EIGENE ANIMOJI HINZUFÜGT

Ich werde ehrlich sein, ich denke Animoji - sind sogar gruselig! Was ist das? Man muss es fast ausprobieren, um es zu verstehen. Kurz gesagt, Animoji verwandelt Sie in ein Emoji. Möchten Sie jemandem ein Emoji von einem Affen schicken? Das macht Spaß. Aber wissen Sie, dass sonst noch Spaß macht? Diesen Affen dazu zu bringen, den gleichen Ausdruck zu haben wie Sie!

Wenn Sie Animoji benutzen, halten Sie die Kamera vor sich hin. Wenn Sie Ihre Zunge herausstrecken, streckt das Emoji seine Zunge heraus. Wenn Sie zwinkern, zwinkert der Emoji. Es ist also eine Möglichkeit, einer Person ein Emoji zu schicken, mit genau dem, was Sie fühlen.

Um es zu verwenden, öffnen Sie Ihre iMessage-App. Beginnen Sie einen Text so, wie Sie es normalerweise tun würden. Tippen Sie auf die Schaltfläche App, gefolgt von der Schaltfläche Animoji. Wählen Sie ein Animoji und tippen Sie auf, um den ganzen Bildschirm zu sehen. Schauen Sie direkt in die Kamera und positionieren Sie Ihr Gesicht im Rahmen. Halten Sie die Aufnahmetaste gedrückt und sprechen Sie bis zu 10 Sekunden lang. Tippen Sie auf die Schaltfläche Vorschau, um sich das Animoji anzusehen. Tippen Sie auf die Pfeiltaste nach oben zum Senden oder auf den Papierkorb zum Löschen.

Sie können auch ein Emoji erstellen, das wie Sie aussieht. Klicken Sie auf das große Pluszeichen neben den anderen Animoji's.

Dies wird Sie durch alle Schritte führen, um Ihre ganz persönliche Animoji- von der Haarfarbe bis zur Art der Nase zu versenden.

Wenn Sie fertig sind, sind Sie bereit zu senden.

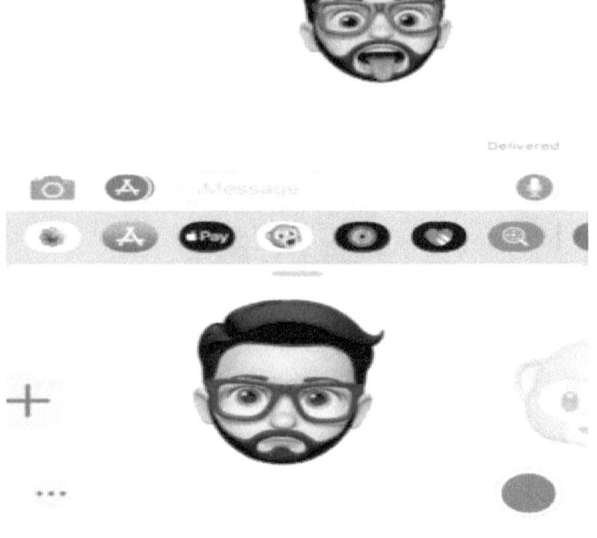

[8]
HEY, SIRI.

Dieses Kapitel wird folgendes abdecken:
- Siri

Inzwischen wissen Sie wahrscheinlich alles über Siri und wie es Sie an Dinge erinnern kann. Wenn nicht, drücken und halten Sie die untere, quadratische und rechteckige Taste auf dem iPhone, um sie zu aktivieren.

Also, was genau machen Sie damit? Das erste, was Sie tun sollten, ist, Siri Ihrer Familie vorzustellen. Siri ist ziemlich klug und sie will Ihre Familie kennenlernen. Um sie Ihrer Familie vorzustellen, aktivieren Sie Siri, indem Sie die Taste „Home" gedrückt halten und sagen: „Brian ist mein Bruder" oder „Susan ist mein Chef." Sobald Sie die Beziehung bestätigt haben, können Sie jetzt Dinge wie sagen: „Ruf meinen Bruder an" oder „E-Mail an meinen Chef".

Siri ist auch ortsbezogen. Was bedeutet das? Es bedeutet, dass, anstatt zu sagen: „Erinnere mich daran, meine Frau um 8 Uhr morgens anzurufen", können Sie sagen: „Erinnere mich daran, wann ich die Arbeit verlasse, meine Frau anzurufen" und sobald Sie das Büro verlassen, bekommen Sie eine Erinnerung. Siri kann anfangs ein wenig frustrierend sein, aber es ist eine der leistungsfähigsten Apps des Telefons, also geben Sie ihr eine Chance!

Jeder hasst es zu Warten. Es gibt nichts Schlimmeres, als hungrig zu sein und eine Stunde auf einen Tisch warten zu müssen. Siri tut ihr Bestes, um Ihnen das Leben leichter zu machen, indem sie für Sie Reservierungen macht. Damit dies funktioniert, benötigen Sie eine kostenlose App namens „OpenTable§ (Sie benötigen auch ein kostenloses Konto), die sich im „Apple App Store" befindet. Diese App verdient ihr Geld durch Restaurants, also machen Sie sich keine Sorgen, dass Sie dafür bezahlen müssen. Sobald es installiert ist, aktivieren Sie einfach Siri (drücken Sie den Home Button, bis es eingeschaltet wird) und sagen Sie: „Siri, mach mir eine Reservierung im Olive Garden", (oder wo immer Sie essen Wollen). Beachten Sie, dass nicht alle Restaurants an „OpenTable" teilnehmen, aber Hunderte (wenn nicht Tausende) tun es und es wächst monatlich, also wenn es nicht da ist, wird es wahrscheinlich bald sein.

Siri entwickelt sich ständig weiter. Und mit dem neuesten Update hat Apple ihr alles beigebracht, was sie über Sport wissen muss. Nur zu, versuchenSie es! Halten Sie den „Home" Button gedrückt, um Siri zu aktivieren und sagen Sie dann so etwas wie: „Was ist der Punktestand im Kings-Spiel" oder: „Wer führt die Liga mit Homeruns an?"

Siri ist auch in Filmen etwas klüger geworden. Sie können sagen: „Filme unter der Regie von Peter Jackson" und es wird Ihnen eine Liste geben und Sie sehen eine Zusammenfassung, die Bewertung der Rezension von „Rotten Tomatoes'" und in einigen Fällen sogar einen Trailer oder eine Option zum Kauf des Films. Sie können auch sagen: „Filmvorführungszeiten" und ein paar der in der Nähe laufenden Filme werden angezeigt. Zu diesem Zeitpunkt können Sie keine Tickets für den Film kaufen, obwohl man sich vorstellen kann, dass diese Option sehr bald kommen wird.

Siri kann letztendlich auch Apps für Sie öffnen. Wenn Sie eine App öffnen möchten, sagen Sie einfach: „Öffnen und der Name der Apps."

Mit dem neuen iOS können Sie Siri Verknüpfungen hinzufügen; dies können Sie unter Einstellungen > Siri & Suche > Verknüpfungen sehen.

[9]
PFLEGEN UND SCHÜTZEN

Dieses Kapitel wird folgendes abdecken:
- Dieses Kapitel behandelt:
- Was ist Animoji?
- Wie man Animoji verwendet

SICHERHEIT

Passwort (Dos und Don'ts, Tipps, etc.)
In der heutigen Zeit ist es wichtig, das Gerät sicher zu halten. Sie können eine Touch-ID einrichten (Sie werden als nächstes mehr darüber erfahren), aber zumindest ist es eine gute Idee, ein Passwort beizubehalten. Jedes Mal, wenn Ihr Telefon entsperren, neu starten, aktualisieren oder löschen, benötigen Sie ein Passwort, bevor Sie

Zugang zum Telefon erhalten. Um ein Passwort für Ihr iPhone einzurichten, gehen Sie zu Einstellungen > Passwort und klicken Sie auf Passwort einschalten. Sie werden aufgefordert, ein 4-stelliges Passwort einzugeben und anschließend zur Bestätigung erneut einzugeben. Hier sind ein paar Tipps, die Sie für maximale Sicherheit befolgen sollten:

Do's
ERSTELLEN Sie ein eindeutiges Passwort, das nur Sie kennen würden.
ÄNDERn Sie es ab und zu, um es unbekannt zu halten.
WÄHLEN Sie ein Passwort, das später leicht geändert werden kann, wenn es an der Zeit ist, Passwörter zu ändern.

Don'ts
Verwenden Sie KEIN einfaches Passwort wie 1234 oder 5678.
Verwenden Sie NICHT Ihren Geburtstag oder Ihr Geburtsjahr.
Verwenden Sie KEIN Passwort, das jemand anderes haben könnte (z.B. einen gemeinsamen Debitkarten-Pin).
Gehen Sie NICHT gleich zur Mitte (2580) oder die Seiten (1470 oder 3690).

VERSCHLÜSSELUNG

Bei all den persönlichen und sensiblen Informationen, die in iCloud gespeichert werden können, ist Sicherheit verständlicherweise ein sehr wichtiges Anliegen. Apple stimmt dem zu und schützt Ihre Daten mit einer hochgradigen 128-Bit-AES-Verschlüsselung. Keychain, den Sie als nächstes kennenlernen werden, verwendet eine 256-Bit-AES-Verschlüsselung - die gleiche Verschlüsselungsstufe, die von allen führenden Banken verwendet wird, die ein hohes Maß an Sicherheit für ihre Daten benötigen. Laut Apple sind nur Mail (weil E-Mail-Clients bereits ihre eigene Sicherheit bieten) und iTunes in der Cloud nicht durch Verschlüsselung über iCloud geschützt, da Musik keine persönlichen Daten enthält.

KEYCHAIN

Haben Sie sich zum ersten Mal seit langem wieder auf einer Website angemeldet und vergessen, welches Passwort Sie benutzt haben? Dies geschieht mit jedem; einige Websites erfordern Sonderzeichen oder Phrasen, während andere kleine 8-stellige Passwörter erfordern. iCloud verfügt über eine hochverschlüsselte Funktion namens Keychain, mit der Sie Passwörter und Anmellhrformationen an einem Ort speichern können. Jedes Ihrer Apple-Geräte, die mit dem gleichen iCloud-Account synchronisiert sind, kann die Daten ohne zusätzliche Schritte aus Keychain laden.

Um Keycahin zu aktivieren und zu verwenden, klicken Sie einfach auf Einstellungen > iCloud und schalten Sie Keychain ein und folgen Sie dann den Anweisungen. Nachdem Sie Konten und Passwörter zu Keychain hinzugefügt haben, füllt Ihr Safari-Browser automatisch Felder aus, während Sie in der iCloud angemeldet bleiben. Wenn Sie z.B. nach einem Online-Shopping zur Kasse gehen möchten, werden die Kreditkartendaten automatisch ausgefüllt, so dass Sie keine sensiblen Daten eingeben müssen.

ICLOUD

Um die volle Wirkung des sorgfältig erstellten Ökosystems von Apple zu entfalten und ein Teil davon zu sein, müssen Sie ein iCloud-Konto erstellen. Einfach ausgedrückt, ist iCloud ein leistungsstarkes Cloud-System, das alle Ihre wichtigen Geräte nahtlos koordiniert. Die Cloud kann ein wenig schwer zu verstehen sein, aber der beste Weg, darüber nachzudenken, ist wie eine Lagereinheit, die in einem sicheren Teil des Internets lebt. Ihnen wird eine bestimmte Menge an Platz zugewiesen und Sie können die Dinge, die Ihnen am meisten bedeuten, hier unterbringen, um sie sicher zu halten. Im Falle von iCloud gibt Ihnen Apple 5 GB kostenlos.

Mit Ihrem Handy können Sie bestimmte Dateien wie Fotos, E-Mails, Kontakte, Kalender, Erinnerungen und Notizen automatisch sichern. Für den Fall, dass Ihr Telefon nicht mehr reparierbar ist oder verloren geht oder gestohlen wird, werden Ihre Daten trotzdem sicher auf iCloud gespeichert. Um Ihre Informationen abzurufen, können Sie sich entweder auf icloud.com auf einem Mac oder PC oder in Ihr iCloud-Konto auf einem anderen iPhone einloggen, um die Informationen auf dieses Telefon zu laden.

Mit der Einführung von iOS 8 und dem iPhone 6 und 6 Plus hat Apple einige wichtige Änderungen eingeführt. Mit iCloud Drive können Sie nun noch mehr Arten von Dokumenten speichern und von jedem Smartphone, Tablet oder Computer aus darauf zugreifen. Darüber hinaus können nun bis zu 6

Familienmitglieder Einkäufe aus iTunes, iBooks und dem App Store gemeinsam nutzen, so dass Sie keine Apps mehr zweimal kaufen müssen, nur weil Sie und ein geliebter Mensch zwei verschiedene iCloud-Konten haben.

Für Benutzer, die mehr als 5 GB benötigen, hat Apple die Kosten für iCloud drastisch reduziert:
50 GB sind $0,99 pro Monat.
200 GB sind $2,99 pro Monat.
1 TB (1000 GB) ist $9,99 pro Monat.
2 TB (2000 GB) sind $19,99 pro Monat.

AKKUTIPPS

Das iPhone XS verspricht eine bessere Akkulaufzeit - die längste, die es je gab. Aber seien wir ehrlich, egal wie groß die Batterie ist, Sie würden es wahrscheinlich lieben, ein wenig mehr Leben in Ihrer Hand zu haben.

Benachrichtigungen deaktivieren
Meine Mutter sagte mir, dass ihre Batterie nicht sehr lange zu halten schien. Ich schaute auf ihr Telefon und konnte nicht glauben, wie viele Benachrichtigungen aktiviert waren. Sie weiß absolut nichts über Aktien, noch hat sie den Wunsch darüber zu lernen und doch hatte sie Börsenticker am Laufen. Sie möchten vielleicht Benachrichtigungen auf so etwas wie Facebook, aber es gibt wahrscheinlich Dutzende von Benachrichtigungen, die im Hintergrund laufen und von denen Sie nichts

wissen und die Sie auch nicht benötigen. Sie loszuwerden ist einfach; gehen Sie zu „Einstellungen", dann zu „Benachrichtigungen". Alles, was als 'Im Benachrichtigungszentrum" angezeigt wird, ist derzeit auf Ihrem Telefon aktiv. Um sie zu deaktivieren, tippen Sie auf die App und schalten Sie sie dann aus. Sie sind nicht für immer verschwunden; wann immer Sie sie wieder einschalten wollen, gehen Sie einfach ganz nach unten, wo es heißt:"Nicht im Benachrichtigungszentrum" und schalten Sie sie wieder ein.

Helligkeit

Das Herunterdrehen der Helligkeit nur um eine Stufe kann Wunder für Ihr Telefon tun und könnte sogar Ihren Augen einige notwendige Erleichterung geben. Es ist einfach zu tun; gehen Sie zu „Einstellungen", dann zu „Helligkeit". Bewegen Sie den Schieberegler einfach auf eine „Einstellung", mit der Sie sich wohlfühlen.

E-Mail

Ich bevorzuge es zu wissen, wann ich eine E-Mail erhalte, sobald sie kommt. Dadurch aktualisiert mein Telefon ständig die E-Mail, um zu sehen, ob etwas eingetroffen ist; dies entlädt den Akku, aber nichts dramatisches. Wenn Sie die Art von Person sind, die sich nicht wirklich darum kümmert, wann sie E-Mails erhält, dann könnte es gut sein, sie einfach von automatisch auf manuell umzustellen. Auf diese Weise überprüft es nur E-Mails, wenn Sie auf die Schaltfläche Mail tippen. Um manuell einzuschalten, gehen Sie zu „Einstellungen', dann zu „Mail, Kontakte, Kalender" und schließlich zu „Neue Daten holen". Gehen Sie nun nach unten und tippen Sie auf „Manuell" (Sie können es später immer wieder zurückschalten).

Standort, Standort, Sta....Batterieentladung
Haben Sie schon von standortbezogenen Apps gehört? Diese Apps verwenden Ihren Standort, um festzustellen, wo Sie sich genau befinden. Es ist eigentlich eine großartige Funktion, wenn Sie eine Karte verwenden. Angenommen, Sie suchen einen Ort zum Essen und haben eine App, die Restaurants empfiehlt, es verwendet Ihr GPS, um Ihren Standort zu bestimmen, damit es erkennen kann, was sich in der Nähe befindet. Das ist für einige Apps großartig, aber für andere nicht. Jedes Mal, wenn Sie GPS verwenden, wird es Ihren Akku entleeren, also ist es eine gute Idee zu sehen, welche Anwendungen es verwenden und sich zu fragen, ob Sie es wirklich wollen. Außerdem können Sie es komplett ausschalten und nur bei Bedarf einschalten. Um dies zu tun, gehen Sie zu „Einstellungen", dann zu „Standortdienste", schalten Sie jede App, die Sie für diesen Dienst nicht nutzen möchten, aus (Sie können es jederzeit wieder einschalten).

Zubehör
90% von Ihnen werden wahrscheinlich völlig zufrieden mit diesen Korrekturen und mit ihrer Akku-

laufzeit zufrieden sein; aber wenn Sie immer noch mehr wollen, überlegen Sie, ein Batteriepack zu kaufen. Akkupacks machen Ihr Handy etwas voluminöser (sie lassen sich an der Rückseite Ihres Telefons befestigen), aber sie geben Ihnen auch mehrere Stunden mehr Leben. Sie kosten etwa 70 Dollar. Zusätzlich können Sie ein externes Ladegerät für Ihre Handtasche oder Aktentasche erhalten. Mit diesen Paketen können Sie jedes USB-Gerät (einschließlich iPhones und iPads) aufladen. Externe Ladegeräte kosten etwa gleich viel, der einzige Vorteil eines Ladegeräts gegenüber einem Akkupacks ist, dass es jedes Gerät mit USB-Anschluss auflädt, nicht nur das iPhone.

Am einfachsten ist es jedoch, wenn Sie unter Einstellungen > Akku den "Energiesparmodus" einschalten. Dies ist nicht die ideale Einstellung für den normalen Telefongebrauch, aber wenn Sie nur 20% Ihrer Batterie haben und sie länger aushalten muss, dann ist es vorhanden.

[10]
Must-Have-Apps

Dieses Kapitel wird folgendes abdecken:
- Must-Have-Apps

Diese Liste wird nicht voller Apps sein, von denen Sie gehört haben. Wollen Sie wirklich, dass ich Ihnen von einem kleinen Spiel namens „Angry Birds" erzähle? Oder eine Social-Networking-Seite namens „Facebook"? Wenn Sie nichts über die Apps wissen, bin ich sicher, dass Ihnen jemand aus Ihrer Familie alles über sie erzählen wird, sobald Sie ihnen Ihr iPhone zeigen. Was folgt, sind ein paar Apps, von denen Sie vielleicht nichts wissen, aber mit ziemlicher Sicherheit davon profitieren werden. Bitte beachten Sie, dass die Preise von den App-

Publishern festgelegt werden und beim Nachschlagen steigen oder fallen können.

SignNow: Kostenlos

Haben Sie jemals eine E-Mail mit einem Anhang erhalten, der signiert werden musste? Sie drucken es aus, scannen es und senden es dann zurück. SignNow nimmt Ihnen einige dieser Schritte ab; mit der App können Sie ein Dokument direkt von Ihrem Handy aus signieren, ohne dass Sie es manuell drucken und signieren müssen.

JotNot: Kostenlos. Pro-Version: $1.99

Apropos Scannen, mit „JotNot" können Sie ein Dokument mit Ihrer Kamera scannen. Sie werden auch von der Qualität des endgültigen Dokuments überrascht sein. Es ist nicht dasselbe wie Scannen, aber es ist so gut, wie man es von einem Telefon bekommt.

Google Translate: Kostenlos

Diese App ist ein Traum von Reisenden. Sie können ein Wort in den Übersetzer sprechen und er wird Ihnen sagen, wie man es in über zwei Dutzend Sprachen sagt. Es spricht es sogar für Sie aus!

SwipeSpeare – Modern Shakespeare: Kostenlos

Dies ist ein sehr cooler Shakespeare-Reader. Mit einem Fingerstreich können Sie zwischen der ursprünglichen Shakespeare-Sprache und einer modernen Shakespeare-Sprache umschalten.

Hipstamatic: Kostenlos

Sie werden schnell feststellen, dass es viele Kamera-Applikationen gibt. Wenn Sie ein Fan von Vintage sind, dann versuche die App von Hipstamatic. Es wird Ihr iPhone in eine digitale Antiquität verwandeln!

8mm: $1.99

8mm ist das gleiche Konzept wie „Hipstamatic'" aber anstatt mit alten Fotokameras zu fotografieren, macht es Videos mit alten Videokameras.

LoMeIn Ignition: $29.99

Dreißig Dollar sind ziemlich happig für eine App, es ist das meiste, was Sie wahrscheinlich jemals für eine App bezahlen werden, also was macht es so toll? Es kann sich von Ihrem Handy aus in Ihren Computer einloggen. Das bedeutet, wenn Sie bei der Arbeit sind und eine Datei auf Ihrem Computer vergessen haben, können Sie sich einloggen und per E-Mail an sich selbst senden.

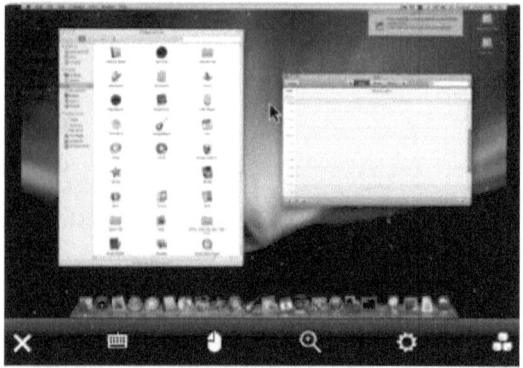

Crackle: Kostenlos

Wenn Sie ein Fan von „Hulu" (der Internet-Website, auf der Sie Fernsehsendungen und Filme kostenlos streamen können) sind, aber nicht extra bezahlen möchten, um'"Hulu+" auf Ihr Handy zu bekommen, dann probieren Sie „Crackle". Es hat viele kostenlose Shows in voller Länge und sogar kostenlose Filme.

Flixster: Kostenlos

Wenn Sie oft ins Kino gehst, dann ist dies ein Muss. Es gibt Ihnen die Filmvorführungszeiten für jedes Kino in Ihrer Nähe, das das GPS Ihres Handys verwendet. In mehreren Kinos können Sie auch Kinokarten direkt aus der App kaufen.

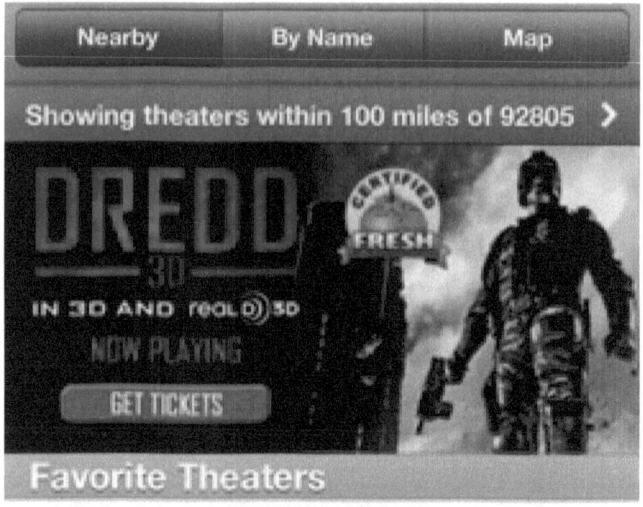

Carcassonne: 9,99

Dies wird wahrscheinlich das teuerste Spiel sein, das Sie auf dem iPhone kaufen, aber es lohnt sich sehr. Wenn Sie noch nie das ursprüngliche Strategie-Brettspiel gespielt haben, dann werden Sie sich freuen. Es ist auch toll, wenn Sie mit anderen spielen möchten, die ein iPhone oder ein iPad haben.

Brian Normanl 165

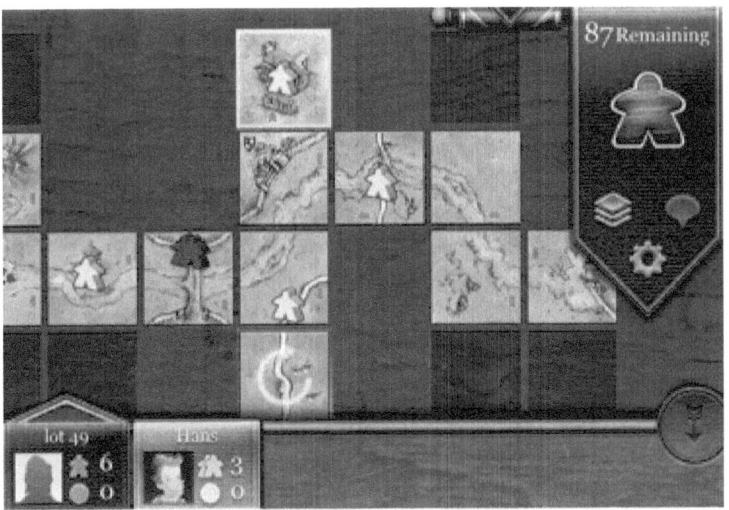

www.ingramcontent.com/pod-product-compliance
Lightning Source LLC
Chambersburg PA
CBHW031629210526
45464CB00004B/1819